目次

女ひとりの巴里ぐらし

パリの体臭

好子さんは自分のことを書くと、心のやさしい普通のお嬢さんにすぎないが、人のことを書くと、自分でも「意地悪」と言ってるように、すばらしい描写の才を発揮する。この本で、〈ナチュリスト〉の楽屋生活を書いた部分は、まさに巻を措くあたわず、再読三読に堪えるのである。私はわけて、気の強い、単純な、そしておふくろに引っぱたかれてばかりいるスペイン女のカルメンに心惹かれた。これらの喧騒と花やかさと孤独と涙とユーモアと、目まぐるしいパリの芸人生活の体臭をプンプンさせる描写のみごとさ。中には顔面神経痛の芸人や、ドイツの捕虜になって胃を失った裏方などの、心にしみる挿話もある。私の前にはモンマルトルの夜の灯が、再び如実にかがやく思いがした。

三島由紀夫

（単行本袖文より）

女の部屋

なぜ退屈なのかわからない
私は悲しくなる
夜ときたま
私はすすり泣く

お前はほほえむ
お前が何を考えているのか
私にはわからない

…………

何度、この歌を聞いただろう。ムルジという若い歌手が、自分で作詞作曲して歌っている。
夕食がすんだ後で、私はソファに寝ころんでいた。窓際のテーブルにランプを灯して、義姉のとみ子が、クリスチャン・ディオールの翻訳をしていた。

半ば開いた窓から、春の生暖い風が忍び込んでくる。寝ころんでいる私のところからも、遠くノートルダムの塔が見えた。

今日は土曜日だから、ノートルダムの塔は、イルミネ（明るく照らす）されている。そういえば、毎週土曜、日曜と、カトリックの寄宿学校から休暇で帰ってくる、とみ子の娘ユキも、隣りの寝室で眠ってしまった。

私は煙草に火を点ける。煙が窓の方へぼんやり流れてゆくのを、じっと目で追っている。

――ふと、日本を離れて三年経った、と心のなかで呟いた。今朝受け取った父からの手紙が、そんな呟きを、今更のように私にさせたのかもしれない。

「お宝お嬢さん、お父さんは好子がいないので、時々淋しくなります。あわただしい明け暮れのなかで、今頃はパリで好子は何をしているだろう、と考えるのです。すると、たまらなく好子にお父さんは会いたくなります。好子は元気でしょうね」

「お宝お嬢さん」という言葉に、私はかなりこたえている。幼い頃、父の口から私に対して洩れた優しい言葉。「お宝お嬢さん」そっと小さな声で、自分を呼んでみる、「お宝お嬢さん」と。私は久しぶりに、日本にいる父母のことを想いだして、甘い感傷にひたっていた。

どんなことがあっても、あと一年は、なつかしい父母たちにも会えないんだな、とちょっと淋しい気持だ。どうしてって、モンマルトルにあるキャバレー〈ナチュリスト〉と、一年間の契約を結んでしまったばかりだもの。

　私は、初めてパリに来て、〈パスドック〉というミュージック・ホールでデビュして以来、この一年半の間それこそもう無我夢中で働きつづけてきた。ジュリエット・グレコやジャックリーヌ・フランソワ、アンドレ・クラヴォたち花形歌手と同じプログラムで、何度か舞台に出た。ラジオの仕事だって、数えきれないくらい沢山してきている。でも、東洋のプリマ……だけでは、エキゾチックを売物にした私の外面的な人気だけでは、そうそう長く甘やかせていてはくれない。歌手としてのにじみでる実力がなくては、パリでいつまでも、彼等に伍してやってはいけなかった。

　私は情ないことではあったけれど、正直にいって暮しのために、パリを離れるよりほかなかった。スペイン、イタリアと、一カ月と同じ所に止ることのない、落着かない幾月かがつづいた。全く文字通り縁もゆかりもない、名もしらぬスペインの町の公会堂で、ひっそりと出を待っている時ほど、もの悲しさに襲われたことはかつてなかった。思いつくと、私は矢も楯もたまらなくなるのだ。自分に都合のいい理くつが、次々と私の胸に浮かんでくる。パリに来て何年にもなるのに、フランス語すらろくにしゃべれない私！　何をすき好んで、スペインくんだりまでさまよい歩かなくちゃならないのだろうか？　私には、れっきとした父と母が日本にいるじゃないか。食べられない？　誰が勝手に食べられなくしたんだっけ。日本におとなしくしていたら、何も食べられる食べられないなど、そんな苦労までしなくてよかったのじゃないか。

そうだ、私はともかくパリへ帰ろう。パリへ帰った上で、あとはどうするか考えればいい。私がこうして突然駆りたてられるように、しかも今まさに舞台で歌う寸前に、現在自分のしていることや自分の生活の周囲が厭《いや》で厭でたまらなくなって、とり乱していると、そんな時、「お宝お嬢さん」そっと父のおだやかな言葉が、どこからか耳に聞えてくるのだった。「お宝お嬢さん」「厭ッ！」私は、その見えない声に、せいいっぱいイヤイヤをする。「お宝お嬢さん」「厭よ！」

けれども父の声は、いくら私がイヤイヤをしても、私に説ききかせるように、何度も何度も懲りずに繰りかえしている。私は、泣きだしたくなるのをじっと我慢して、「お宝お嬢さん」と声のする方へ、しぜん耳を傾けるのだった。

父の手紙は、「お宝お嬢さん、お父さんは好子がいないので時々淋しくなります。……」いつもそんな書きだしで始っている。やがて私は、父の言葉のなかに、みどり児が子守唄にすやすやと眠らせられるように、いつしか気持の安らぎを覚え、父母の反対を押しきって、たって飛びだしてきたいきさつに思いを致すのだった。私の心の片隅で、がんばれヨシコ！　という声がごくかすかにではあるが聞えてくる。このへんでくじけるなんて、ヨシコだらしがないぞ！　と。

嬉しい時、悲しい時、女一人ぐらしのやるせない時、「お宝お嬢さん」と呼んでくれる父の声は、私に反省と、勇気と、そしてなつかしい故国のおとずれを伝えてくれた。

そんな矢先、パリのモンマルトルのキャバレー〈ナチュリスト〉から契約の話がもたらされたのだった。私は、早速飛び立つ思いで、パリへ帰ってきた。

「一年間無休の契約なんて、無暴よ。第一、あなた、自分の体を考えてごらんなさい」

と、心配してくれる人もいた。

「一年間も一カ所で縛られていたら、他でよい仕事の口があった時、むざむざフイにしてしまうじゃないの。馬鹿々々しいわ」

こう笑った人もいた。

とみ子は、私の顔を見ると、話が決らないうちから、

「一週間でいいから休暇貰えないのかしら……あなたに一年間もつづけられるかしら」

と、わがことのように心配していた。

一年間無休の契約は、云い換えれば一年間パリに落着いていられることだし、毎日五〇〇〇フラン、月に一五万フランの定《きま》ったお金が手に入ることだった。だから――すると、今度こそ立派な先生についてみっちり歌のお稽古も受けられる。フランス語だって上手になれる。この一年間で今までに私が希《のぞ》んで果せなかった幾つものことが、きっと実現させられるに違いない。

私は、誰も彼も反対するうちに、はっきりと割りきった気持で契約書にサインした。こうして既に一カ月、マヌカン（裸踊りの女）の出演するキャバレーで、むせかえるお客の人いきれを身近かに感じさせられながら、私は主役歌手をつとめてきた。

お前の目の奥をじっとみつめても
そこに何があるのか
私には読みとることができない
それなのにお前はいつも
ほほえんでいる
…………

時折りペンを休めて、とみ子は、しめやかに訪れてくる夕暮れをしみじみと身に受けとめるような姿勢で、窓から外を眺めている。

六月ともなれば、パリの夕暮れは長い。私には、たとえ見えなくとも、とみ子が、今どんな景色を眺めどんな感慨に耽っているのか、手にとるようによくわかるのだ。

私ととみ子との六階のこのアパートからは、附近の屋根々々……その波の遠くに、オペラ座の青みがかったドームや、ノートルダムの塔が見渡せた。しかも、そこここの露路裏に、豆粒ぐらいの大きさではあったが、たしかに恋人らしい、或いはまた仲むつまじい夫婦連れが年老いた人も若者も、音もなく寄り添いあって、夕暮れの街をそぞろ歩きをしている姿が見渡せた。

なぜお前は朝に夕にほほえむのだろう
でもそれを知ったところで
どうということはないだろう
お前は私を離れて行くだろうから
私は愚なことはしたくない
だから私は朝になっても夕になっても
何も口にしないのだ
朝になっても夕になっても
何も口にしないのだ

私は、いつも自分の口もとのあたりに、哀しい笑いが浮かぶのを知っている。私が、この歌のムルジのこの言葉を聞く時、私は、はじめて彼と会ったモンマルトルのミュージック・ホール〈トロワボデ〉を思い出すのだった。

黒いズボンに黒スェーター、衿もとから白シャツをのぞかせたちぢれ毛の、あまり美しくもないその若者の歌は、私の心を捉えた。

「とてもすてきな歌手を聞いたわ」

その頃、私は会う人毎にそういって触れ歩いた。しばらくしてある日、何気なく時間潰しに入った映画館で、偶然、私は彼の映画をみた。

『私達は皆人殺し』

一九五二年のカンヌの映画祭でグランプリをとったこの映画のなかで、私のムルジは、レジスタンスに身売りした、貧しい青年の役をしていた。あびるほどお酒を飲み、手あたり次第に人を殺してゆく青年。希望もなく疲れはてた彼の目は、哀しげだった。

私は何故だか、見てならないものをつい見てしまったような、せつない気持に襲われた。それから、私は折にふれて、ムルジのことを考えるようになった。

ちょうど一年前の今頃だった。シャンゼリゼのナイトクラブで、ムルジと一緒に出演することにきまった時は、嬉しさよりも、せつなさが先に立って仕方がなかった。

私が、初日の夜、歌い終って楽屋へ帰ってくると、ムルジが立っていた。

「ムルジです。よろしく」

私は、おどおどしながら、

「あなたの歌がすきです」

と、ひと言、いえただけだった。

毎晩、私はムルジの歌に聞き惚れた。楽屋では二人はあまり話しあわなかったけれど、目に見えない何かが強く二人をひきつけあっているような気がして、私は、しあわせだった。

その時ムルジは、ナイトクラブとトロワボデ劇場とかけもちで歌っていた。向うがすんでからあわただしくナイトクラブへ駈け込んでくる。そして歌い終ると、美しい奥様と連れだってすぐに帰ってしまう。もと映画の女優だったという奥様は、年上だと聞かされていたせいか、ムルジのお姉様のように感じられて、奥様の並はずれた冷い美しさも、私にはいっこう苦にならなかった。

それでも、女同士のカンの鋭さからだろうか、それとも、私のままならないひがみからだろうか、ムルジの奥様は、私と目があうと、険のある瞳で私を見かえすのだった。

ムルジは毎晩、『小さなひなげしの花のように』という新作のシャンソンを歌っていた。この歌は後にディスク大賞をとった、彼の得意な歌だった。

　まあ終りまで待っておくれ。そうしたらお前もわかってくれるよ。彼女を愛している男があったんだ。

　しっとに狂った男が、翌日また麦畑へ行ったら、彼女は寝ていたよ。胸をはだけて。

真夏の太陽の光りをあびた麦畑の真ン中で。でもその胸のあたりは、真っ赤な血潮で染っていたんだ。

ああ、まるでひなげしのようだった。小さい小さいひなげしの花のようだった。


夏休みのためにナイトクラブが終りになる前夜、私は楽屋で自分の出番を待っていた。むし暑い夜だった。いつもよりムルジは早目に、しかも珍しくたった一人で入ってきた。トロワボデ劇場とのかけもちで疲れたのか、ムルジはぐったりと椅子に体を埋めた。私はふりかえって、弱々しげな彼を見た。

「夏休みはどこへ行くの？」

彼は、私の顔も見ずに、それでも優しくいった。

「ドイツよ……あなたは？」

「僕？　……南仏に仕事があるんだけど、もう疲れてしまった」

そういいながら、ムルジはカバンから一枚の譜面を出して、

「これ、新しく作った曲だけど、ヨシコにあげましょう」

といった。

私は今でも、そのごちゃごちゃした鏡台と事務机のならんだ、殺風景なナイトクラブの小部屋を忘れることはできない。小さい四角な窓から、生暖い夜のパリの匂いを運ん

でいた。いつの間にか私とムルジは、二人ならんでソファに腰かけていた。いやにお行儀よく、かえって私は居心地が悪かった。

二人は黙ったままでいる。何か云わなくちゃ……と私の心が焦せる。その時だった。ムルジはそっと私の手をとって、私の五本の指に彼のしなやかな指をからませ、

「きれいな指」

私は、何も云わなかった。彼もそれ以上何も云わなかった。

それだけ。それだけのことが、その夜、彼から貰った新譜の『お前がほほえむとき』を聞くたびに、いつまでもしつっこく、私の心をうずかせる。

何故退屈なのかわからない
私は悲しくなる
夜ときたま私はすすり泣く

お前はほほえむ
お前が何を考えているのか
私にはわからない

…………

クラリネットのもの憂げな伴奏で、『お前がほほえむとき』が終ると、とみ子が反射的に立ち上がる。そして、彼女はちょっと悪戯っぽく私をかえりみながらいう。

「『ひなげしの花のように』をかけてあげましょうか」

「いいわよ。今度は、あなたのお好きなイーヴ・モンタンでもおかけ遊ばせ」

私もおどけた口調で、とみ子に負けずにいいかえす。そして自分にいいきかせるように、

「さ！　支度しなくちゃ」

と、かけ声をかけてソファを立ち上がり、自分の寝室に入る。

私の寝室――それは、さっきまで寛《くつろ》いでいた居間とはまるで趣が違う。

居間は、とみ子がいつでも綺麗に飾っていた。きちんと片附いていた。たとえば、食卓には刺し子の花模様のテーブル掛けをかけ、その中心に、竹あみの花籠が季節のお花を添えているというふうに。壁際の小棚の上には、とみ子自慢の〈のみの市〉で探してきた美しいランプがおいてあって、その周囲にはお人形や香水やガラスの置物が、しかるべく整列している。本一冊だってとみ子は放りっぱなしにしてはおかない。

それに比べて、私の寝室は、それは何とも乱雑だった。第一、私の部屋は、天井が窓にかけて急勾配に傾斜した屋根裏部屋である。それでも夜毎に、疲れた手足を誰はばか

らず伸ばすことのできる私の天国なのに、私はどうしても片附けるということのできない性分らしい。

　手あたり放題に脱ぎちらした衣服。そういう衣服の重みで、ちょっとさわっても倒れそうな椅子。机の上に読みかけの本や譜面や、蓋を取りっぱなしにしたインクビン、ペン、指輪などがお互いに何の連絡もなく、やたらに散らばっている。化粧品や舞台用のつけまつ毛まで、ころがり込んでいる時もある。

　自分ながら決していい心地はしない。だから私は、さっぱりした気持になりたくなると、さっさと、とみ子の居間に行ってしまう。

　それなのに、とみ子の一人娘ユキは、こんな私の部屋がよほど気に入っているらしい。寄宿学校から帰ってくるなり、真っ先に私の部屋に駈け込んでくる。うつうつと寝床で起きあがれないでいる私を、いやおうなしに起き上がらせてしまうと、今度は、狭い部屋中をはしゃぎ廻って、あちこちひっくりかえしては喜んでる。ユキとおばちゃまの鬼ごっこ。たまには、私が持っていることすら、もうすっかり忘れてしまったような、古いガマ口なんかをどこからか見つけだしてきて、

「おばちゃま、これユキにちょうだい」

　などと可愛いらしいことをいう。

「ベビーちゃんは、とってもいい子だから、おばちゃまは何でもあげるわよ」

こういう具合に、私はユキには、からっきしだらしがない。それで、

「おばちゃまが甘やかすから、ユキがなまいきになって……」

と、つい、とみ子に口をとがらせて私が怒られる。

「ベビーちゃん」

などと云うから、八つになるユキにまで、

「ユキは、ベビーちゃんじゃない」

と、叱られるけれど、やっぱり私は、

「ベビーちゃんいい子ね」

と、くりかえしてしまう。

夜の十時十五分前。

私の支度といっても、靴をはきかえてハンドバッグをかかえるだけのことですむ。

ドアを開けて、エレヴェーターのボタンを押すと、ゴトゴトと音をたてながら、のろのろとエレヴェーターが這い上がってくる。その音を聞きつけて、とみ子が居間からでてくる。

「可哀そうなおばちゃま。私はこれから寝ようと思ってるのにね」

「ううん、もう慣れっこよ。平気」

こうして夜明けの三時半まで、私の生活は、普通の人たちとははっきり区別される。雨

が降ろうと雪だろうと、風邪をひこうとお腹が痛かろうと、私は、十時にはピガール広場一番地の〈ナチュリスト〉へ歌いにゆくのだ。

アパートをでた所は、ドゥールドーヴェルニュ通り。

私はせかせかと歩く。浮々として戯れながら、そぞろ歩いている恋人たちをぐんぐん追い越して、マルティル通りを右に曲ると、明るいクリッシー通りが向うに見える。

どこのお店もみんな閉めてしまったのに、角のキャフェだけが、明るい灯影《ほかげ》を路に投げている。笑いさんざめく声が、お料理の匂いと一緒に、私の足をいっそう早める。

クリッシー通りへ一歩足をふみ入れたとたんに、人通りが急にはげしくなる。行き交う自動車がうるさいくらい。右を見て左をかえりみて、朝、会社へ出勤するサラリーマンのように、私は元気に大またで路を横切る。

ピガール広場。パリ一の盛り場だ。東京なら、さしずめ浅草六区というところ。ネオンサインが夜空を赤く染めて、立ちならんだキャバレーの入口附近では、盛装した紳士たちが、さて、どのキャバレーに入ったものかと行きつ戻りつしている。

私は人ごみをわけて、〈ナチュリスト〉の楽屋口を入る。

しがないキャバレーの歌うたいと、眉をひそめる人もあるでしょう。でも、何んと云われても仕方がないけど、私は、その入口を入る時はいつも胸をはっていた。自分の心をこめた仕事にたちむかう誇りを持って……。

舞台裏の女たち

〈ナチュリスト〉の楽屋を思い出す時、私は、たまらない懐しさと同時に疲れを覚える。
――四十人もの雑多な女たちがひしめいていた。小さい七つの部屋でかこまれていた広間。そこには、大デブの衣裳係りイヴォンヌ小母さんと、これはまたごく温和《おとな》しいレオンが、大きなテーブルを前に坐っていたっけ。

私たちは、〈ナチュリスト〉の楽屋口から二階へ上がってゆくと、まず、その広間の洋服掛けにコートを脱いだ。

「サヴァ?」(ご機嫌いかが?)

皆んな、口々に挨拶する。

十時の鐘がなると、たいていはもう集ってきて、男子禁制の楽屋のなかでは、女の子たちがパンツ一枚で、うろうろ歩き廻っている。

そのうるさかったこと!

誰もが何かいいあっている。衣裳がほつれて、

「イヴォンヌ」「イヴォンヌ」

と、助けを呼んでいる踊り子。靴ヒモが切れた、と泣きわめいているマヌカン。と思

うと、衣裳がこんがらかって着ることができず、かんしゃくを起している者もいる。

私は、彼女たちの間をくぐって、私にあてがわれた小部屋の一つに入る。ここは〈ナチュリスト〉で、いわゆるアルティストと呼ばれる人たちだけの部屋になっていた。

このレヴュには、女四人、男四人のアルティストと十五人の踊り子、十五人のマヌカンがでている。レヴュそのものは、六部にわかれ、パリからスペイン、アメリカ、日本、印度、北欧と二時間半の旅である。まず、十時から通して一回やり、四十五分の休憩後にもう一度、同じものをくりかえす。

女四人のアルティストとは、フランス人の歌手リュシェンヌ。スペイン人の踊り子カルメン、イタリア人のアクロバット・ダンサー、ジョイアナ。それにもう一人、日本人の私。

「この部屋は、インターナショナルね」

初日にここへ視察にやってきた、〈ナチュリスト〉の女主人マダム・ブロムがいった。しかも、よくまあ集めたと感心されるくらい、四人が四人、違ったタイプの女ばかりだった。

私の出場《でば》は日本の部と印度の部と北欧の部である。六回衣裳をとりかえるのだけれど、一口に衣裳がえといってもかつらも首飾りも腕輪も耳輪も、すべてかえるのだから相当な重労働だった。最初のうちはかつらをかぶれば髪の毛にひっかかり、耳輪はきつすぎて耳たぶがちぎれそう。あわてて衣裳を着れば、飾りでみみずばれをこしらえてしまうという有様だった。「メルド」（糞）「コション」（豚）と、ひどい言葉でののしるのもあながち無理ではない。誰かに向っていうのではなく、羽根やレースや花飾りでこんがらかった衣裳や、それをうまく着ることのできない、自分自身に向ってどなっている。

そういう雑沓のなかを泳ぐようにして、私たちが「ミス」と呼んでいる、四十すぎのやせてぎすぎすした感じのイギリス女性が、

「もう時間ですよ。時間なんですよ」

と叫んでいる。彼女は、毎晩、客席の隅に坐って目を光らせ、誰かちょっとでも舞台をトチれば、楽屋裏に駈け上がってくる。

「あなた、何故、笑ったんです」

「あなたの髪の毛、いったい何日セットしないんですか」

「衣裳のボタンが、はずれてたじゃありませんか」

「わきの毛を、今すぐそりなさい」

そして、彼女の云うことをきかなかった女の子たちは、翌日、百フランの罰金を支払わせられる。

わいわいみんなが騒いでいるなかでも、私たちの部屋のカルメンがいちばん勇ましか

った。漆黒の髪を持った面高のいかにもスペイン人らしい美人なのに、靴がきゅうくつだからといって床に靴を投げつけて怒っている。事実、フラメンコの踊りは、はげしく足ぶみをするのだから、足にあわない靴だと、かかとが赤むけになってしまう。

隣りの席でジョイアナも、トウダンスの靴が入らないといってメソメソ泣いている。ジョイアナはヴェニス生れで、映画女優もしていたことがあるという、つぶらな目の小柄な美人。

二人が話をしているのを、わきで聞いていると、片方はスペイン語で片方はイタリア語。それで、けっこう話が通じるらしかった。

衣裳は誰でも五、六枚ずつ持っていた。持っていると云ってももちろん、このレヴュのために〈ナチュリスト〉が作ったもので、皆んな各自の寸法でかりぬいまでした、ぴったりと身に合ったものだ。何しろ一年間同じ出しものをつづけるのだから、衣裳にもずい分お金をかけていた。

私たちには、それぞれお気に入りの衣裳がある。私も北欧の部で着る、雪のお姫様の衣裳が好きだった。白いサテンのイヴニングは裾が十七世紀風に大きくひろがり、飾り石がキラキラ光っていた。袖は白狐の大きなマフで、かんむり風の白いサテンの帽子にも、狐のしっぽやキラキラする飾り石がたれさがっていた。

私は、その衣裳をつけて銀色の靴をはき、トナカイの恰好をした二人のマヌカンの後から音楽にのって舞台へ出てゆく時、おとぎ話のお姫様の気分になる。

私は雪のお姫様
私のお城は氷でできている

こういって歌いだすと、ペンギン鳥の衣裳をまとった踊り子や、ウサギの恰好をしたトウダンサーたちが、私の周囲を、明るい照明に照らしだされながら、ゆるゆると踊りだす。

私は、シャンペンをのみながら見ているお客なんか問題じゃなかった。私は、雪国のまばゆい衣裳をつけたお姫様だったから……。

「このレヴュのなかで、やっぱりいちばんいいのは、日本の部だわ」

マダム・ブロムが、はげますようにそう云ってくれた言葉に、私はちょっと苦笑いした。

私の日本の部。

その衣裳は、日本人の私にとっては、何んとも奇妙キテレツなものだった。着物とも支那服ともつかない日本の衣裳なるものを着ると、私はまるで楊貴妃になったのか乙姫様になったのか、さっぱり見当がつかなかった。

　その上、私の相手役のピエールが、フランス人の顔だちのままで、かみしもに似せたつもりなのだろうが、飛行機の翼のような異様な衣裳をつけて出てくるのだから、日本人のお客様が来ている時なんか、私はずいぶん照れくさかった。

　私がまず『蘇州夜曲』の一節を歌う。そこへ飛行機のごときピエールがあらわれて、歌は二重唱になる。私は、その彼のまじめくさった姿をまともに見ると、思わず吹きだしそうになる。それを我慢するだけでも大へんな苦労だった。

「せっかく、ニホン人らしくしてやろうと苦心して、ヒゲまでつけたのに、にやにや笑うなんて、ヨシコはひどい人だ」

　ピエールは、初日のすんだ後で、ひどく不機嫌だった。でも、この時二人で歌う二重唱は、実にすばらしい。〈ナチュリスト〉の楽長ジェルマンが作った評判の名曲である。


　　君よきたれ夕暮れ時。わが胸はあこがれにおののく。……我は君の愛撫に酔い、君が優しさに酔いしれぬ。


　私たちが歌い終ると、ジェルマンは、横のオーケストラボックスから立上がって、嬉しそうに笑いかけた。

　彼は、フランス人らしいヒゲを形よくそり込んだ赤ら顔の男で、ザビア・クガートのように、ほんものの小犬をいつもピアノの上に、ちょこんとのせていた。よく仕込んである犬で、決して吠えたりかみついたりしない。その代り、ふざけて私たちがジェルマンに手でもあげようものなら、とたんに歯をむいて怒るのだった。一人ジェルマンに限らず、アパート住いの多くのフランス人は、気違いじみた可愛いがりかたをして、小犬を飼っている。

ジョイアナも、ご多分に洩れない犬気違いだった。玩具《おもちゃ》の犬みたいなカニシュを、わざわざイタリアからつれてきていた。四十五分しかない休憩時間にも、彼女は、自分のアパートまでタクシーを飛ばして、犬を見に帰る。楽屋入りしても、ひとしきりは犬の話。

「今日、私の靴下みんな破っちゃったのよ。そしたらね、悪いってことわかるのね。椅子の下にかくれてちっちゃくなってんの。上目使いに、あたしのご機嫌とってるじゃない」

ジョイアナが、おのろけでもきかせるようにしゃべりはじめると、猫ずきのリュシェンヌは、

「家のミシュね、すごく頭がいいんだから、あたしの足音が、ちゃんとわかるのよ。あたしが仕事から帰るでしょう、起きてドアの前で待ってんの。あたし、毎晩帰ってからミシュとお話しすんのよ」

「人間と話しするようなこと云ってるわ、この人」

あまり動物を好きじゃない私が、皮肉っぽく云ってやると、カルメンも味方をえたとばかり、

「猫と話しするなんて、あんた、気が変なんじゃない？」

という。

するとリュシェンヌはむきになって、

「何云ってんのさ。気が変なのはそっちでしょう。あたしはね、牛を殺して喜んでる野蛮人と違うのよ」

カルメンと云えば、その名に恥じず、闘牛師の恋人がいる。

楽屋の鏡台のわきに、何枚も彼氏の写真をはりめぐらし、ごていねいにも、彼の切りとった牛の耳まで飾ってあった。私が一年前にマドリッドへ歌いに行ってた時、闘牛をみて、なぶり殺しになる牛に同情していたから、リュシェンヌの言葉も、その時はもっともだと思って聞いた。

ところが或日、カルメンが大はしゃぎで楽屋に入ってきて、明日パリの郊外で闘牛をするために、恋人がスペインから来たという。

「今晩、見にくるの？」

私たち三人は、ちょっとした興味と好奇心で、カルメンにきいた。

「まさか、彼はホテルで絶食して寝てるわよ」

という返事。

「どうして？」

「知らないの？　闘牛の前日は闘牛師は絶食するものなのよ。もし牛にお腹をさされた時に、絶食しておけば助かる率が多いの」

カルメンの言葉で、今度は、私は闘牛師にも同情を持った。

楽屋内でのカルメンの話題ときたら、闘牛のことばかり。闘牛の話しをしてない時は、何かしらにかんしゃくの種を見つけてどなっている。

私たち四人の楽屋――それは窓もない六畳くらいの細長い部屋。大きな鏡のついた長机が四つに仕切られ、壁際には衣裳が並び、天井から上げおろしの紐をつけた舞台用の羽根や花飾りのついた帽子がぶら下がっている。これでも、一年間私たち四人が住む部屋だと思うと、思いはみんな同じ。誰がいいだしたともなく、私たちはある日、共同で木綿の布地《きれじ》を買ってきた。そして壁には緑色の布地をビョウでとめ、鏡やひきだしの縁には、花模様の布地にギャザをつけて釘でうちつけた。

カルメンに釘をうたせると手をうちつけるし、布地を鋏で切らせると曲って切ってしまい、そのたびに「ミィエルダ」（スペイン語で糞の意）とひとりでどなり散らしている。

「ミィエルダ」「ミィエルダ」っていったい一晩中に何度、この「ミィエルダ」を彼女は繰りかえすかわからない。私は、ジョイアナと百フランのかけをしてみた。ジョイアナは「八回」私は「六回」。鉛筆でしるしをつけてみたら、カルメンは何んと三十六回も「ミィエルダ」を叫んで、二人ともかけは当らなかった。

そんなカルメンの性質は、リュシェンヌやジョイアナにしたら、まるでおもちゃ扱いだった。舞台が終えて楽屋へ入ってきたリュシェンヌが、

「今夜は、すてきな男がきているわ」

というと、ジョイアナが、すかさず合槌をうつという具合である。

「あのいちばん前の右端にいる人でしょ。あんなきれいな男って、見たことないわ――」

これを聞いたカルメンは、話半分のまま、

「グリパオンブレ？（美男子）ムイグワパ？」

と、大はしゃぎで、舞台に飛びだして行く。

カルメンは、舞台で自分が踊っている間に、きれいな男がいるとかいないとかによって、ひどく張切ったり、しょげたりする。彼女を見送っていたリュシェンヌとジョイアナは、一番前の右端の男は、ターバンをかむったヒゲむじゃの大男なのさ、とゲラゲラ笑っていた。

ところが帰ってきたカルメンは、かつがれたことにはいっこうに気がつかない。彼女

はひどい近眼だった。別な男でも見てきたのか、

「大したことないけど、そう悪くもなかったわ」

と、人の良い顔で、ジョイアナに云うのだった。

みんながカルメンをからかったりいじめたりするのは、彼女をバカにしているからだけではなく、ヤキモチのためもあった。何しろここでは、カルメンがカスタネットを鳴らして歌い踊りまくる場面がひどくうけて、めったにアンコールなどしない〈ナチュリスト〉の客たちが、カルメンには、それを求めることがあった。でもカルメンの面白いところは、アンコールされた日は、楽屋に入ってくると、

「今日は客種が悪いわね。スペイン人が多いのよ」と、照れくさそうにいう。

私たちの仲間でも、ジョイアナだけは幾らか違っている。気の強い人で、カルメンを馬鹿にしているうちに、だんだんきらいになったらしい。

ある夜、いつものことだけれど、おくれてあわただしく楽屋入りしてきたカルメンが、両隣りに坐っている私とジョイアナの化粧品を、ことわりもなく平気で使うのを、私はむしろあきれておかしくなって見ていたのだけれど、ジョイアナが急に怒りだした。

「あんた、人のもの使う時は、挨拶ぐらいしたら、どう。しかも使えば使いっぱなし……有難うとも云わないで、ミィエルダ、ミィエルダって勝手にどなってさ。私、あんたの顔見るのもいやだわ、出てってよ」

私は、負けずにカルメンもどなりかえすかなと思って見ていたら、彼女は、おとなしくべそをかいて、洗面所の方へ行ってしまった。

それ以来、ジョイアナとカルメンはよくケンカをした。

ある夜も、カルメンは舞台へ降りてゆく前に、

「これ、たのんだわよ。気をつけて」

といいながら、私に大きな真珠の指輪を渡した。隣りにいたジョイアナがそれを見て、

「何さ、そんなにせの玉、誰れもとりやしないわよ」

と云ったので、二人はにせだ、本物だと口ぎたなくののしりあい出した。

「よく見てごらんなさいよ。ヒビの入った真珠なんて見たことないわよ」

ジョイアナが勝ちほこったように云う。カルメンはすっかり云い負かされて、

「ノメ・グスタ、ケル・ポルケリ・デ・ミィエルダ」

と、ありったけの悪口を、スペイン語でならべたてて、辛じて鬱憤をはらしていた。

「にせだって、本物だって、いちいちケンカすることもないのにね」

「実際、働いているだけで疲れるのに、ケンカを見てるとますます疲れるわね」

私とリュシエンヌは、二人が出て行った後でブツブツ云っていた。

「だいたい、スペインとかイタリアなんてのは、教育程度が低いのよ。戦争の後で、ムッソリーニを殺して街中ひきずり廻したの知ってる？　死人にそんなことして、カトリ

ックなんてさ、悪いことしちゃザンゲして、ザンゲさえすりゃ、みんな罪は消えると思ってんのよ。それで、我々は信仰があついなんて、いばったりしてんのさ」

と、リュシェンヌは、さも大人ぶっていった。

考えてみれば誰れも若いから、こんなケンカもできるんだな、とそんな時、私は思わず知らず自分の年を考えさせられる。踊り子やマヌカンの平均年令は二十。若い子は十七くらいからいる。

「いくつ？」とカルメンにきいて、「二十二」、と答えられた時はほんとに驚いた。カルメンの端正な美しい姿は、もっと大人に彼女を見せていたから。ジョイアナも「二十二」、リュシェンヌは「二十七」と云う。

「ヨシコは？」私もまさか、実は「三十一」とも云う気になれず、「二十六よ」ナンテ嘘を云っている、さとりすましたような顔なんかして。リュシェンヌが、

「あんたは、あたしより一つ若いものね。二十七ともなると私、あせるわ」

などという言葉を彼女から聞くと、私は、何んとも面はゆい。

でも私は、嘘をついても、三十一はやはり三十一だった。私は楽屋の中で三十一歳の女の心で若い人たちを眺めていた。ある時は笑いながら、ある時は心から同情しながら。でも、私は冷い存在だった。私は、みんなと本質的にとけあうことは絶対になかった。

私はなかでは、リュシェンヌとウマがあっていた。単純で人のよいカルメンも大好き

だった。そのくせ、いくら親しくつきあっていても、私は、彼女たちの生活を、はたからじっとみつめているような、意地悪なところを持っていた。

「あなただけよ。私のお友だちは」

リュシェンヌが云った。

「あたし、ヨシコだけ好きよ」

カルメンが云った。

私は、誰れに対しても優しかった。〈ナチュリスト〉の誰れとも、云いあらそいをしたことはなかった。主人のムッシュ・ブロムが、

「あなたのような人ばかりだったら、〈ナチュリスト〉も天国でしょうに」

と云ったように、私はたしかに〈ナチュリスト〉の優等生だった。優等生。優等生などというものは、えてして学生生活のほんとうの楽しみを知らないものだ。

この優等生は休憩になると、日本語の本を読みだしたり、手紙を書きはじめたりする。でも、それは長くは続かない。

「あーら、それ日本語？　ちょっと見せて」

「これ、何んていう字？　読んでみて」

「ここ、何んていう意味なの？　云ってみてよ」

部屋の三人はもとより、衣裳をかかえて入ってきたイヴォンヌまで、

「オー　ラ　ラ」と大げさな声をあげて、本をのぞきこむのだった。

そのうち私もあきらめて、本もペンも、しまってしまう。そして、よく筋向いの踊り子たちの楽屋へ遊びに行った。

そこでは、ピアニストのジェルマンが、ご自慢の歌ばかり吹込んだテープレコードを持ち込んで、踊り子たちと聞いていた。その部屋の踊り子たちは皆な、まだ二十になるかならないかの若いはつらつとした娘たちで、ジェルマンのことを叔父さんかお父さんのように慕っている。ジェルマンも、しぜん居心地がよいらしく、休憩になると他のピアニストにあとを托してそこでひまつぶしをしていた。

結婚したばかりのイタリア人のデニーズは、靴下のつぎをしている。キャバレー廻りの写真屋と共かせぎをしているでぶちゃんことアンリエットは、セーターを編んでいる。親一人子一人の身の上で、しかも病身のお母さんのために働いているレジーヌは、床に坐りこんで両足を投げだして熱心にレコードに聞き惚れている。そのレジーヌの足を枕にして最近ピエールと夫婦別れをしたオデットが、寝ころんで煙草をくゆらしている。誰れもかれもそうで、ほがらかで、学校の寄宿生たちのようだ。

オデットがピエールと別れた後、

「私も、別れた男と同じ所で働いていたくないわ。でも、ここで一緒に働いてた友だちと別れてまで他のキャバレーに移りたくないの」

と云ったけれど、なるほどここの踊り子たちは、私の部屋の人たちとは違って、いつも和気あいあいとしていた。

禁男の二階から、三階へ上がって行くと、楽師の休憩所とムッシュ・ブロムの事務所と四人の男たちの楽屋とがあった。

四人の男たち。私の相手役をしてる美青年のピエールはずいぶん大根だけれど、可愛い踊り子のオデットと最近別れてからは、マヌカンたちのお尻を追い廻していた。

「ピエールの奴」と、オデットと仲よしの踊り子たちは、そういう有様を見ると、自分のことのようにふんがいしたけれど、オデットも洗面所《トワレ》のかげで時々泣き顔をしていた。

コメディアンのジャン・クロードは、御殿女中のような男だった。

「マダム・ブロム。まあ今夜もお美しい。そのお洋服のお似合いなこと!」

歯のうくようなお世辞を、ぬけぬけと云う。リュシェンヌが大嫌いなタイプの男である。

「あのジゴロの奴（女にやしなわれている男）のいってること聞いてると、虫ずが走るわ」

この男は二十も年上の大へん醜い、それでもパリではちょっと有名なラジオ女優のジゴロだった。そして、パリ一のコメディアンみたいなことをよくいうから、誰れからもあまり好かれていなかった。

もう一人のコメディアンはギーといって、初日の日から「風邪をひいた」といつもぐちばかり云ってる男だった。

「喉がひりひりするのさ、今夜はね、鼻がつまってて」

この男は〈ナチュリスト〉唯一人のダンサーで、ジョイアナの兄さんのマックスを恋していた。

カルメンのお誕生の夜、彼女が自腹で買ってきたシャンペンやブドー酒、お菓子やサンドイッチを、休憩の時に三階の楽屋に持ちこみ、私たちアルティスト八人は、はしゃぎながら食べていた。意地悪のジョイアナもブドー酒に頬を赤くして、

「ヴィーヴァエスパニャ」（スペイン万歳！）なんて叫んでいたが、そのうちみんながほろ酔い機嫌になった。

私はカルメンをつかまえて、

「闘牛師なんかの恋人やめちゃいなさいよ。いつ死ぬかわかんないじゃない」

と云った時、急に、

「何するんだよ、いい加減にしなよ」

というマックスの大声がして、ひきつづいて、つきとばされたギーが床の上にだらしなくのびてしまった。

彼はちょっと青ざめた顔に照れた笑いをうかべて立ち上がったけれど、折から鳴りひ

びいた開幕十分前のベルに、私たちはくもの子を散らすように二階へ降りてしまった。私は何が行われたのか、ちっともわからない。階段を降りながら、「どうしたの？」と、ジョイアナに事情をきいてみた。彼女はちょっとケイベツしたような薄笑いを顔にうかべて、

「ギーがマックスにモーションかけるから、マックスがいやがってんのよ、マックスは今、カジノ・ド・パリの踊り手と同棲してんだもの」

と云った。

「へえ、ギーもそうなの？」

私は驚いて、そのままだまってしまった。

マックスはいかにもイタリア系の、鼻筋のすっきりと通った彫りの深い顔の美青年だった。踊りもうまかったけれど、とりわけ濃い髪の毛のクリクリとちぢれた感じが仲々にいけた。でも歩く時など、しなしなと女のような身振りで、言葉使いも女言葉を使う完全な男色だった。

「子供の頃ね、私がお下げにして赤いきれいな洋服なんか着てるとマックスったら、ひがんで、お下げをハサミで切ったり、洋服にインキをぶっかけたりしたわ」

と、ジョイアナが云ったように、精神的にも全然女で、私たちの部屋に時々忍んできた。私たちの衣裳を身につけ、「僕もこんな衣裳がほしいのにな」と羨しそうに、それ

でも嬉しさはかくしきれずしなを作って廊下を歩き廻ったりしていた。

このマックスは同じ兄妹でもジョイアナと違って、人が好かった。

私とマックス、ジョイアナとリュシェンヌが組んで、私たちはよく休憩中カナスタ（トランプの遊び）をしたから、そういう時は一ばんお互いの性質があらわれた。

ジョイアナは、すぐ怒りだす。

「リュシェンヌ、あんた、もう少し気をつけてよ。あんたがそんなヘマしちゃ、いくら私ががんばったって勝てないじゃない」

「ちょっとした失敗を、いちいちうるさいこと云わないでよ」

「うるさくなんかいってないわよ。もっと頭を使いなさい、っていってんのよ」

「そんなら、私やめるわ。あんた他の人と組んだらよいでしょう。何もお金かけてるわけじゃないし、楽しく遊ぶためにしたんじゃない。ぶつぶつ云わないでよ」

ケンカをしながらも私たち四人は毎晩、カナスタをするために集った。

マックスもずい分へまばかりしたけれど、そのたびに、「アーラ、私どうしましょう、また失敗しちゃったわ」

などと奇声をあげるから、私は怒るわけにはゆかなかった。踊り子たちも、時には私たちが怒ったり笑ったりしている様子を面白そうに見物にきたりした。

茶目のレジーヌは、私の『私は雪のお姫様』を歌いだすと横で踊りながら、「うそつき！　カナスタのお姫様でしょう」とそっとささやいて、危うく私を吹きだささせるところだった。またそのくらい、自身もカナスタに熱中していた。

そのうち、マックスが、「もうカナスタしないよ」と宣言した。

「何故？」

「あたし今度〈ナチュリスト〉の後で〈マダム・アルテュール〉に出るから、用意があるのよ」

「〈マダム・アルテュール〉って何？」

「知らないの？　あたしみたいな男たちばっかりのキャバレーよ」

ある夜、私が楽屋のやかましさをのがれて三階の楽師室に本をよみに上がって行ったら、裸電灯を頭の高さまで下げて、目がねをかけてマックスが一しょうけんめい縫い物をしていた。花模様の大きなフレアのスカートに、彼は一心にスパンコールを縫いつけていた。

「何してんのよ」

「これ、〈マダム・アルテュール〉で着る衣裳よ。あたしこれを着て『私を抱いて』を歌うの」

私はしみじみと彼を眺めた。半裸の男が花模様の布地にかがみこんで、針を動かしている図は異様だった。私は何んとなく不潔な感じを受けて、そこを立ち去った。

何んと云おうと楽屋は私たちの憩いの場所だ。憩いの場所、そして闘いの場所でもあった。それは、私たちの生活の大きな部分をしめていた。

これもある夜のこと。〈ナチュリスト〉附きのドクター・ザウィが隣りの部屋に駈けこんできた。このドクターは一週に三回ぐらい〈ナチュリスト〉にあらわれ、身体の具合の悪い人たちの診察にあたったり、処方箋を書いたりする。社会保障の発達したフランスでは、ドクターの証明があれば、薬はすべて九割引きで買える。一般のお医者はずいぶん高かったから、その点でも〈ナチュリスト〉は良心的なキャバレーだった。

この鼻の下のいささか長そうなドクター・ザウィは、女給やマヌカンたちの体にさわりたくてよろこんで〈ナチュリスト〉へ通っているふうらしかった。腕前もたいしたことはないらしく、私も現に一度、ドクター・ザウィの風邪ぐすりで目を廻してしまったことがある。ジョイアナも下痢どめの薬をもらったら、ますますひどくなった、とこぼしていた。

そのドクターが、いつもにも似ず真剣な面持で隣りの部屋に消えたけれど、私は別に気にもとめていなかったのだが、――リュシェンヌに「シャルロットが流産したのよ」とささやかれて、はじめてぎくりとした。

「シャルロットは知っててわざわざ、カンカンダンスをしたのよ」

と、リュシェンヌのいうのを聞きながら、私は暗い気持になった。

フランスでは、カトリックの勢力が強くて、堕胎はきびしくとりしまられている。お金持は、そのためにわざわざスイスまで行くのだそうだが、貧しい踊り子はそのためにはげしいカンカンダンスをあえてするのだろうか。

「シャルロットったら、身持ちが悪いから、これで少しこりた方がいいんだわ」

というジョイアナの言葉を聞きながしながら、私の心は何故か強くシャルロットに同情していた。シャルロットは、ドイツ人の踊り子だった。大柄な、それがいっそうくずれた美しさを際だたせている人で、踊り子たちの中ではいちばん踊りもたしかだし、年長だった。

踊り子たちはだれも、この札つきのシャルロットとつきあわなかった。私もはじめはあまり彼女に好感がもてないでいた。彼女は〈ナチュリスト〉が終ると、入口で待ちかまえている色の黒いがらの悪いアラブ人たちと、キャッキャッと嬌声をあげながら、ピガール通りの盛り場の方へ消えて行った。

それを、私がシャルロットに同情を持ちはじめたのは、ある日私が近所へ買物に出かけた折に偶然、小さな男の子の手をひいて歩いている彼女に出会ってからだ。野暮ったいふだん着に買物籠を提げたところは、どこにもフレンチ・カンカンを踊っている夜の面影はなかった。ごくありふれた、しかも裏街のうらぶれた母親の姿だった。私たちは初夏の陽ざしをさけて、近所のキャフェに入った。アイスクリームの舌ざわりがすがすがしく感じるほど暑い日だった。

　彼女はドイツにいた時分は、綱渡りの芸人だった。五十米もある高いビルディングの屋上から、隣りの屋上に綱を張って長い棒で平均をとりながら渡ったり、男が綱の上をオートバイで渡ると、その下で宙返りをやってみせるというようなことを、財布の中からしわくちゃな写真を取り出して私に示しながら説明した。このオートバイの男が、彼女の夫だった。だが彼女は子供ができると、この商売が急に怖しくなった。仕事をやめたい、やめるなで、夫とは喧嘩別れになった。夫は別なパートナーを見つけて、仕事をつづけていたが、二週間も経たないうちに二人とも綱から落ちて死んだ。これを目のあたりに見せられた彼女は、ドイツでこれ以上働く気がしなくなり、パリで踊り子になった。軽業《かるわざ》で永年鍛えた身軽さで、彼女の曲芸じみたカンカン踊りは、〈ナチュリスト〉の一つの呼びものにすらなっていた。

「もうできないわ、こんなこと」

　彼女は、写真をもとの財布へしまいながら、そっと傍の男の子を眺めた。男の子はおとなしくアイスクリームのさじをなめていた。初夏の陽ざしが明るく照りつけている歩道の白さが、目に沁みた。

わたしの〝巴里祭〟

「いやに今夜は、客席が満員なのね」と何気なく云ってから、今夜は、パリ祭の前夜祭だったのに気がついた。

仕事が終ってお化粧を落していたら、マックスが私たちの部屋に飛び込んできた。

「早く、早く、出してよ」

リュシェンヌは「これ入るかしらね、着てみてごらんよ」と笑いながら、黒いタフタに金線の入った洋服と黒い靴をマックスに貸してやった。

マックスは「大丈夫、大丈夫。じゃ、バイバイ」と云ったかと思うと、それを小わきにかかえて駈足で出て行ってしまった。

「何んなの？」

「マックスったらね、今晩は友だちと一緒に女装して遊び歩くんだって。そいで洋服貸してやったのよ」

「ずいぶんはりきっているのね。私たちも前夜祭じゃ、どこか行こうか」

「ヨシコ、二人きりじゃつまんないから、ジェルマンをさそわない？」

そして私たち三人は、中央市場へ行ってみた。真夜中に中央市場に行ったなんて云うと、気の早い人は変に思うかも知れない。けれども、中央市場といえば、パリのあらゆる食糧は真夜中すぎにここに運ばれて、あけがたまでに取引がすまされる仕組になっている。この市場の屋台店は、ちょうど日本の立食いずしや焼鳥屋に似ていて、新鮮で、安く、美味しいので有名だった。だだっ広い真四角な建物の中央市場の横を通って、私たち三人はなかでも有名なピエ・ド・コション（豚の足亭）ののれんをくぐった。そこには前夜祭だというのに、働く人たちが、一仕事終って黙々と朝食をしていた。

作業服を着た男たち。肉屋さんだとわかる男は血だらけの上っぱりのまま、グラティネ・スープ（玉ねぎのスープ）を食べていた。その人たちに交って、疲れた顔にどぎつい化粧をした娼婦の顔もいくつかあった。

私たちは二階のレストランに行った。二階は階下《した》にくらべると、ずっと小ぎれいで、客種も変っている。たいていは、キャバレー帰りの踊り子たちが詰めかけていた。

「今夜という今夜は、カルメンのママとケンカしたよ」

ジェルマンは、この店の名物の豚の足をあげたお皿を前にして、白い歯をむいておかしそうに云った。

「あのママじゃね」

リュシエンヌも、したり顔をする。

「あのママのやつ、休憩のとき俺の所にきてね、カルメンが今夜よく踊れなかったのは、あんたの指揮の仕方が悪かった。これから気をつけてくれってぬかしゃがんのさ」

彼は半分ぐらいわざとアルゴ（モンマルトルの人たちが多く使う俗語）をまぜて話した。

「自分の娘が勝手に下手に踊ったって、こっちのせいにされてりゃ世話ないよ。だからひと言、メルドって云ってやったら、目を丸くしてたよ」

カルメンのママなる人は、スペインでは昔は有名な歌手だったのだそうだ。今は見るかげもなく年をとって、タルのように肥ってしまったけれど、大事な一人娘に虫がついたらそれこそ大へんとばかり、毎晩一緒に楽屋入りして帰りまで娘を根気よく待っている。

カルメンが上手に踊れなかったときなんか、楽屋にハーハー云いながら駈け上がってきて、娘に往復ビンタとくるのだから驚く。

「あんたのママ、少し狂ってるんじゃない？」

「あんた、よくだまってるわね」

と皆なに云われても、カルメンはママには絶対服従で、口ごたえひとつしない。なぐられるままになっている。ある時だって、腕にみみずばれをこしらえているから、そのわけを聞いてみたら、

「昨日ママにだまって映画に行ったら、こんなにされちゃったわ」

と云っていた。ママにとってカルメンは、もちろん可愛い娘でもあったのだろうけれ

ど、大事な商品でもあるらしかった。片ときも目をはなさない。

ブドー酒で目のふちを染めたリュシェンヌが、相談顔にジェルマンにこんなことを聞いてる。

「私、この八月、ドーヴィルのコンクールに出たいの。一日休みとりたいけど、いい？」

「コンクールか、入選すりゃいいけどね。まあ、マダム・ブロムにばれないように行ってくるんだね」

「ドーヴィルのコンクールって、私、どんなふうなものか知らないんだけど、説明してよ」

リュシェンヌは私からそういわれると、親切ていねいに私に話してくれる。それは毎年、ドーヴィルで行われ、フランス国中から集まったシャンソンのうちから一等を決めるコンクールである。

モーリス・シュヴァリエ賞、エディト・ピアフ賞、ティノ・ロッシ賞など六つの種類の賞があって、あらかじめえらばれたシャンソンの作曲家たちは一人の歌手をえらび、ドーヴィルで歌わせるのだそうだ。

「今年は、作曲家のコンクールだけど、一等をとれば歌手の名もでるから得なのよ。私も、ギー・ラファルジュ（ラ・セーヌの作者でコンクールの審査員）が私に曲をくれたの。私も、このあたりで何んとかしなくちゃね」

「どんな曲？」

「レイモン・アソ作詩、クロード・ヴァレリー作曲の『はかなき夢』って、ちょっといい曲よ」

「あらそれじゃ、『小さなひなげしの花のように』を作った人たちじゃない？」

「そうよ、あなたのお好きなムルジの歌った歌を作った人よ」

私のムルジびいきは仲間同士の間でも知られていた。リュシェンヌは、からかうような目附きをする。

「ヘエ、ヨシコはムルジが好きなのかい？　あんなつまんない顔した男、目の前にこんな美男子が坐ってるっていうのにな」

赤らがおでほがらかな声を立ててるジェルマンのひょうきんな言葉に、私とリュシェンヌも笑いながら外へ出る。外はもう明るかった。二、三人の酔っぱらいが、マルセェーズを歌うというよりどなって歩いていた。

「おばちゃま、起きて――」

ユキの待ちかねたような甘え声で、私は、正午に起される。ガウンをひっかけて、まだ半分しか開かない目をこすりながら。

居間に入って行くと、すみれの花を飾ったテーブルの上にはご馳走が並んで、とみ子は甲斐甲斐しいエプロン姿で働いていた。

「起しちゃってごめんね。でも今日は、巴里祭だから」

食後、私たちはつれだってサン・ジェルマン・デ・プレ寺院の方へ行った。サン・ジェルマン・デ・プレの寺院のそばにある〈フロール〉〈マゴ〉という二つのキャフェは、実存主義の文学青年たちが文豪ジャン・ポール・サルトルを中心に集っていた。

私たちは、キャフェ・マゴのテラスに腰をかけた。大へんな人出だった。

寺院前の広場には仮舞台ができている。楽隊がさかんにワルツを奏でていた。人々は嬌声をあげながら、道にまであふれ出て踊っていた。私たちはそこでアイスクリームをなめながら、しばらく坐っていた。すると、物乞いが何人もよってきた。大ていはエンピツを高くうりつける人たちだった。人々は、エンピツは貰わず、小銭を渡していた。

パリのコジキ。彼等は、ただ坐ってお金をもらうというのは少ない。物を売りつけるか、音も出ないヴァイオリンを弾くか、歌をうたうかしてお金をもらう。その日もめくらの女が、讃美歌を歌っては、お金を集めていた。

ユキを学校まで送って行くとみ子と別れて、私は一人でアパートに帰った。ソファに寝ころんで、ラジオをひねったら、レピュブリック広場の演芸会からの中継放送をしていた。

この共和国記念碑の建っている広場では、盛大なお祭りが行われているようだった。演説や歌声のあい間あい間に、群衆のどよめきが電波を伝って聞えてくる。それはちょうど、一七八九年七月十四日にバスチーユ広場に囚人解放を叫んで押しかけ、フランス革命の口火をきった群衆のどよめきを伝えていた。

大部分の人たちにとって、七月十四日は楽しい日だけれど、王朝派にとってはその日は悲しい日である。それだから今でも、この日はカーテンを深くおろして、一日喪に服している人もある。

生憎く夕方から雨になった。私はソファでうとうとしかけていた。そしてときどき、ふと、もうパリでは人々がすっかり忘れてしまった、『パリ祭』の歌を小声で口ずさんでみたりした。

夏の夜の雨に
濡れてよりそえば
息もなやまし若きパリの恋

思い出の雨よ
おなじ軒にまた
君を抱きて夢はよみがえる

…………

楽屋入りをしたら、マックスがもう部屋にきていて、

「あたしたちが、シャンゼリゼのキャフェに坐ってたら、男たちが寄って来たのさ。誰れも女だと思ってたよ、最後まで

「最後までって——いつまでよ」

「いやらしいことを云わないでよ。あたしたち、ただ、街を歩いただけよ」

昨夜リュシェンヌから借りた洋服をていねいにたたむと、マックスは、浮々した様子で出て行った。

「花火が見えるわよ」イヴォンヌの大声に誘われて、窓辺に行ってみると、遠く夜空に赤や青の光が糸をひいていた。

「あ、また上がるわ」ポンポンと聞える花火の音に、踊り子たちは気もそぞろなふうだった。

その夜は〈ナチュリスト〉の客席は、思ったより閑散としていた。

「これからは、外国人のお客ばかりよ。フランス人はみんな、ヴァカンス（夏休み）に行っちゃうんだわ。私たちだけ、休みもなく働いているけれどね」

リュシェンヌがいったように、パリ祭をしおに、パリ人はパリから姿を消す。

夏のパリは淋しい、と誰れかにいわれた。旅行客でにぎわうというのに、何故淋しい

のか、はじめ私にはわからなかった。私がパリへきたばかりの頃、六月から七月にかけて、シャンゼリゼのナイト・クラブで歌っていた時、七月に入ると、目に見えてお客が減ってゆくのに驚いた。私と一緒に歌っていたムルジも、十日頃にはナイト・クラブをやめて、南の方へ巡業に行った。

お客が減ると、すぐれた芸人たちも、どんどんパリを去って、避暑地のカジノへ仕事に出かける。或いは、休暇をとって、どこかへ姿を消してしまった。

ただ賑やかなのはエッフェル塔、凱旋門のあたりだけ。肩からキャメラをさげた、一見旅行客とわかる人たちでいっぱいになる。それにカジノ・ド・パリとか、フォリ・ベルジェールのようなレヴュ小屋は、旅行者が話の種にと必ず行くところだから、夏でもかわらない。

だが、パリ人のいないパリというのは、どこか空虚で淋しいものだ。

パリの人はどんな貧しい人々でも、みんなヴァカンスには避暑をする。横丁のカンヅメ屋の主人もおばさんも、店を閉めて親類のいるノルマンディに行ってしまう。

パリ人にとっては、このヴァカンスの避暑というものは決して贅沢ではなかった。一年中じめじめとしたパリの気候から、たとえ一カ月でも離れることが、健康上とくに大切なようである。だから、夏のパリはパリじゃないという人があるが、私もそう思う。

嘆きのリュシェンヌ

隣室の踊り子ナナに、トランプ占いをしてもらっていたリュシェンヌが、昂奮した面持で、部屋に帰ってきた。

「とてもあたるわよ。私のアミ（恋人）とは、今は結婚できないけど、いつかはきっと、何んとかなるんだって」

私は、リュシェンヌの言葉を聞いて、まだこの人こんなこと云ってる、とちょっと哀れな目つきになった。

リュシェンヌの恋人は、歯医者だった。

初対面の挨拶が終るか終らないうちに、「私の恋人は歯医者なの、アンドレっていうのよ」

と、いきなりいわれた時、私は流石にどぎもをぬかれた。それ以来毎日々々、リュシェンヌが歯医者のアンドレのことを云わない日はなかった。

私たち楽屋の三人は、リュシェンヌから、一日に彼が何人の患者を診るのか、歯の手術とはいかに頭の良い人でなくてはできないものか、患者としてどんな人たちがくるか、彼はその人たちをどんなふうに扱うのか、をつぶさに知らされる運命となった。

「また、歯医者の話？」

カルメンは、あからさまにいやな顔をした。話の様子では、どうやらリュシェンヌの一方的なお熱らしかった。

「その上ね、ナナったら、私のママが今、病気のこともあてたわ。危険だっていうの」

「病気なの？」

「うん。私にね、入院代出してくれって、弟が手紙よこしたの。ばかにしてるわ、何ひとつ私の世話してくれたわけじゃなし、私を捨ててったくせに——」

彼女は、昂奮してくると、唇のはしをひきつらせるくせがあった。背のすらりとしたお化粧ばえのする顔立ちだったけれど、肩のあたりの骨が寒々とつきでていて、乳房の垂れさがった胸のあたりは四十女のようにくずれて、美しいとは云えなかった。

初めて私のアパートへ遊びにきた時、飾ってある私の両親の写真を羨しそうに眺めていた。

「いいわね、やさしそうなパパとママ——」

そして、彼女の生い立ちを問わず語りに語った。

貧しい彼女の両親は、リュシェンヌが十になるまで里子にだしてかえりみなかった。わが家に引きとられてからも、両親の愛情は七つ違いの弟に集っていた。すっかりひがんで両親になつかない彼女は、まま子あつかいをされて大きくなった。

「私、里親のところに帰りたがってよく泣いたわ。泣くと、ママはひっぱたいたわ」

十七になった時、そのママは、若い男とかけおちをしてしまった。

弟も、しばらくすると母親側に引きとられて行った。

父親は、若い女をつれ込んだ。彼女は、ひょう然と家を出た。子供の頃からの美声が、彼女が女一人で生きてゆくために役立った。こうして、十七の時から彼女は、パリの片隅で歌いはじめたのである。

彼女が、どんなふうな苦労をしてきたか、彼女の色あせた体の色を見ていると、私にもわかるような気がする。彼女の切実な望みは、落着いた生活をしたいということだった。歌手としての浮草のような暮し、名声に憧れて、チャンスをうかがい他人をけ落しても、というような生活にすっかり神経がまいっていたのである。

「いくら歌がうまくたってね、成功するとは限らないもの」

彼女は、情なさそうに、よくそういった。事実、彼女は成功者の一人とはいえないだろうけれど、すばらしい声を持っていた。低いが深みのある、それでいてよく透る声だった。ガス燈を前に街の女に扮した彼女が、『私の男』を歌う時、客席の女給たちのなかには、涙すらうかべて聞き惚れているものもあった。

そんなことがあってからしばらくたったある夜、楽屋で手紙を読んでいたリュシェンヌが、急にものすごい勢いで早口に何やらわめきだした。驚いて私がわけを聞くと、返事の代りに件《くだん》の手紙を投げて寄越した。それはフランス政府からの通知で、入院している彼女のママの費用を、規則によって至急支払うように、と書かれてあった。

「きっと弟の奴が、私の住所を政府に通知したに違いないわ。今までほったらかしといて、こっちが稼げるようになったら、急に親類扱いするなんて」

リュシェンヌは、お化粧を落した青白くむくんだ顔を引きつらせていた。私は、黙って目を伏せた。やがてリュシェンヌの方を見ると、彼女は、泣いていた。

「何もしてくれなかったくせに——子供として一度だって可愛いがってもくれなかったくせに——」

一週間ほどたつと、彼女は、心配顔で私にいった。

「ママの病気、ちっともよくならないらしいの」

「何のかんのいったって、ほら、やっぱり親娘《おやこ》ねえ、心配なのね」

「心配してるんじゃないわよ。お葬式にお金がかかると思うと、ぞっとしてんのさ」

と、投げだすように答えて、私をまたまた驚かせた。
二、三日して、私がおくれて楽屋入りすると、ジョイアナが、
「リュシェンヌのママが死んだのよ」とささやいた。

そこへ下の舞台から、彼女のさびた歌声が聞えてきた。

風は風車に
小路は大通りに
清水は川に
そして私はあなたに出あう

毎晩々々聞かされているこの歌を、今夜は、何だかはじめて聞く歌のように、私たちは心のなかで味っていた。

「可哀そうな、リュシェンヌ」

「私だったら、とても働けないわ。今、イタリアにいるママのこと考えてたの……私、もっとママを大事にするわ」

ママに始終いじめられてばかりいるカルメンまで、こんなことをいってるところへ、当のリュシェンヌが舞台から引きあげてきた。彼女は、誰れの顔も見ないで自分の鏡台の前に坐ると、烈しくしゃくりあげるのだった。私たちは、なす術《すべ》を知らないで、おろおろして眺めているばかりだった。ほんとうに悲しみの底に沈んでいる人を、むやみに慰めたりすかしたりすることは不可能だった。ムッシュ・ブロムが入ってきて、優しく彼女の肩をたたいた。

「今夜はもうお帰りなさい。三日間休暇をあげるから……」

リュシェンヌは、少し気分が落着くと、むっとした表情で立ち上がって帰って行った。お化粧のまだらに剝げ落ちた骨っぽい彼女の顔は、とうてい正視できないくらいやつれて見えた。私は楽屋口まで送って行った。そっと肩を抱いてあげると、それでも、にっこりと笑い返した。

ムッシュ・ブロムからの休暇が終ると、彼女は、やはり暗い顔のままだったが、それでも、ちゃんと定刻に現れた。

「私、ほんとに肉親の愛情なんてないと思ったわ。ママが死んだ翌日行ってみたら、弟が、お母さんの持物全部、自分の家へ運んじゃってるのよ。私はママについて行かなかったでしょ。だから、何も渡さないっていうのよ。そりゃ、欲得ずくなら私が欲しがるようなものなんか、何ひとつ持ってた人じゃないけどね。まるで私を閉めだして、自分だけのママみたいな顔すんのよ。そして、何んて云ったと思う？　お葬式の費用は出してくれだってさ。私、持ってたお金投げつけて帰ってきちゃったの——」

私には、なぐさめの言葉も見つからなかった。

ただ、時々、少しうるさ型でひがみやすい彼女を、つれなくあつかうことが今までにあったけれど、これからは親切にしてあげようと思っていた。

彼女は苦労しただけに、性質にくせがあった。とても親切で優しい人だったけれど、人の悪口ばかり云っていた。とりわけ、歌手仲間のことは、誰れ彼の見境なしにぼろくそに云っていた。

　私が放送に出たりすると、白い目で私を眺めるのだった。

「ヨシコの今日の放送聞いたわよ。良かったわ」などと、楽屋へ顔だけつっこんで報告にくる踊り子がいたりすると、その夜はすこぶる、彼女のご機嫌が悪かった。彼女は、お金の苦労もしたせいかとてもケチだった。

　リュシェンヌと衣裳係のイヴォンヌがいいあらそっていた。

「だいたい、サンドイッチ一つが百三十フランなんて高すぎるわよ。その上、このサンドイッチの小さいこと、プラスピガールへ行ったら、この二倍の大きさのが百フランで売ってるわよ」

「そんなことというなら、外で買ったらよいでしょう。このサンドイッチには、バタが入ってるのよ。一口にサンドイッチっていったって、いろいろあるじゃありませんか」

　イヴォンヌは、衣裳係だけじゃなくて、毎晩、二十個ほどのサンドイッチを自宅から持ってきて、果物やチョコレートと一緒に、私たちに売っている。リュシェンヌにいわせると、原価の倍はもうけているのだそうだ。衣裳係という職業は大へんな労働で、私たちの着がえを手伝うほかに、ほころびをいつもつくろっていなくてはならない。そのほころびの量だって、私たちの分と踊り子たちの分と、大へんなものである。イヴォンヌともう一人のレオンは、だから休憩時間だって、針を手にしていないことはない。その上、週に一回は白いシャツ類を洗う。洗濯屋に出す衣裳類以外は全部、二人が夜明けに洗う。

でも、もうける方も相当らしい。私たちは、月に千フランぐらいずつのチップをあげてるし、サンドイッチの売上げだって馬鹿にはなるまい。彼女は、パッシーの高級住宅地のすばらしいアパートに住み、五匹のカニシュ（犬の種類）を飼っていた。そんなちゃっかりしたイヴォンヌが、リュシエンヌには憎らしくてたまらないらしかった。

私は、わが儘《まま》で気まぐれなジョイアナや、人は良いけど狂的なカルメンより、リュシエンヌといちばん仲良くしていた。

彼女の愚痴は、私が、一手にひきうけて聞かされていたようなものだったが、彼女も、私のヴィザ（査証）のために警察へ行ってくれたり、労働手帳の書きかえで労働局へ行かなければならないような時など、朝早目に起きてついてきてくれたりした。

「あんたは、私より妹なんだものね」ほんとうの年齢《とし》は四つも年上とは知らず、彼女は、そう云いながらよく世話をみてくれた。

仕事の後で、リュシエンヌと、隣りのスナック・バーにハンバーグ・ステーキを食べに行ったことがある。若い男が入ってきた。可哀想に、その人は顔面神経痛らしく顔はひきつり、手はふるえ、食べようとするサンドイッチも落してしまう。私とリュシエンヌは、見ないふりをして食事を続けていたら、前に坐っていた二人の女たちが、つつき

あっているふうだったが、とうとう笑い出してしまった。リュシェンヌは、いきなり立上がって女の前に行くと、

「マダム、ちっともおかしくないことに声を立てて笑うのは、やめたらどう？」

と、見かねて大声でどなりつけた。すると、その若い男はにわかに、普通の状態になって、私たちの方を向くと、

「有難う。あなた方は親切ですね。私は顔面神経痛専門の芸人なんです。時々、面白いから実演してみますが、相手が良い人か悪い人かすぐわかりますよ」

と、笑っていった。

さっきの二人連れの女は、気まずそうに黙っていた。私たちも気おいこんだだけに、ちょっとはぐらかされたようで、間が悪かった。

歯医者のアンドレは、母親が許さないの何のと理由をつけて、仲々、リュシェンヌと結婚しようとはしなかった。

「誰れが許さないっていったって、もう三十すぎてんじゃない？　あなたを心から愛しているなら結婚する筈だわ」

「きっと、持参金つきのお嫁さんももらうつもりなのよ」

「どうも、あいつ、欲ばりみたいな顔してるわね」

私たち三人は、リュシェンヌがいないと、歯医者の悪口をいった。彼女も、この頃は

彼とのことをあきらめたのか、毎日、暇さえあれば熱心に、新聞広告の「求妻欄」ばかりのぞいていた。冗談にしては、少し念が入りすぎていた。目ぼしいのがあると、切り抜いたり赤エンピツで線を引いたりする。

「そんなくだらないことやめて、誰れかお店にくるお客つかまえたらいいじゃない？　みんな、お金持ちよ」

カルメンが、ずけずけという。すると、リュシェンヌは、

「何さ、こんなところにきてる男たちなんて、真面目な相手になれるわけないじゃない？」

と、いって、憤然となりながら、新聞をばりばりと音をさせながら見入っている。

「聞いてよ。当方四十五歳、独身、ニース在住、商人、収入中以上……ね、ちょっといいじゃない？」

何日目かに、リュシェンヌは、とうとうかっこうな相手を探し出して、半ばおどけながら、早速、手紙を出してみた。そのニース在住のムッシュからは、折返し返事がとどいた。リュシェンヌは、ゲラゲラ笑った。

「さあ、おめかししようっと。会いに行くんだわ、あたし」

「まあ呆れた。あんた、それ本気なの？」

「そうよ。あんたなんかに判るもんですか。優しいパパとママを持ってる人なんかには

ね」

彼女は、嫉妬というよりむしろ、憎悪に近い目で私を見た。

その結果は、どうなったのだろう。彼女は、何にもいわなかった。ただ新聞の読み方が、その後は、貸家とか売家とかの部ばかりながめるようになった。そして、時々すっとんきょうな声をあげて、前に求妻欄を読み上げた時のように、

「売家、パリの郊外、二階建八間、陽あたりよし――私ね、お金をためて宿屋をしようかと思うわ。アンドレに話したら、半分ぐらいお金出してもいいっていうの」

「そう。早くはじめなさいよ。そしたら、私、泊りにゆくわ」

私も、いい加減に返事をしてた。

ある夜、楽屋に入ってゆくと、リュシェンヌは、まだらにお化粧をした顔で、ぼんやり坐りこんでいた。

「どうしたの？」

と、聞くと、

「私、疲れてるの。今朝隣りの部屋がうるさいもんだから、十時に起されちゃって……」

と、答えたが、彼女のとろんとした目つきがどうもあやしいと思ったら、プンプンお酒の匂いがしていた。出番になると、彼女は、ふらりと立ち上がって行ったが、マイク

からまだ一節も歌声が聞こえないうちに、彼女が戻ってきた。私のびっくりした顔を見て、彼女は肩をすくめた。

「歌をね、忘れちゃったのさ」

「酔ってるのね」

「酔ってないわ。一年に一度ぐらい歌詞を忘れたからって、何さ！」

彼女は、他人ごとのように、からからとこだわりなく笑っている。そこへ、ジョイアナが入ってきて、

「呆れた人。自分で歌いそこなったくせに、オーケストラに向って、メルド！　なんて怒鳴りつけてさっさとひっ込んじゃうんだもの」

「酔ってるって？　とんでもない。私がね、何故、歌えなかったかっていうのはね、いい、朝の十時に……」

それから私たちは二十回以上も、「朝の十時に起された……」話を聞かされたのだった。

次の出番が廻ってきた頃には、リュシエンヌの酔いもだいぶ醒めた様子だったのに、彼女はまた、舞台の中途で歌を忘れ、オーケストラを怒鳴りつけて戻ってきた。今度は、ムッシュ・ブロムが、すぐ後を追ってきた。

「リュシエンヌ、もう今夜は歌わないで下さい」

彼女は、そういわれると、子供のようにしくしく泣き始めた。酒くさい息を、私たちに吐きかけながら、しつこく「朝の十時に……」を、まだくり返し口走っていた。

翌日、ふつか酔いの青い顔で楽屋入りをしたリュシェンヌに、デブのイヴォンヌは、

「今日は酔っぱらってないの？　歌を忘れた歌うたいさん」

と、からかった。私は、むっとして、

「一年に一日の休みもないじゃない？　一度ぐらい酔っぱらったからって、からかうの止めなさいよ」

と、どなりかえしてやる。

リュシェンヌは、私の方を向くと、

「私、ドーヴィルに行くわよ」

と、嬉しそうにささやいた。

そうだ。コンクールは、一週間後にせまっていた。

北の港ルアーヴルに近い避暑地ドーヴィルには、毎年、世界の金持連が集ってくる。ここで行われるコンクールに、リュシェンヌは、〈ナチュリスト〉をさぼって出かけて行った。コンクールの翌日、にわか雨のなかをリュシェンヌが、突然、私のアパートにたずねてきた。

「私、グラン・プリはとれなかったけど、エディト・ピアフ賞を貰ったわ。やっと、こ

れで希望がもてたわ。これからは、きっとうまくゆくわね」

目を輝かしている彼女に、私も心から「おめでとう」をいいながら、思わず二人で抱きあっていた。そして気がついた二人は、にっこりほほえみ合い、声をあわせて「ブラボー」と叫んだ。

遠くで、雷が鳴っていた。

「どんな歌がグラン・プリをとったの？」

彼女は、低い声で歌いはじめた。

アナタの体から
アナタの指から
アナタの口から
私を解放してくれるのは誰れ？
私を解放してくれるのは誰れ？
そう　アナタから
私を解放してくれるのは誰れ？

〈ナチュリスト〉の客席

永井荷風先生が『ふらんす物語』のなかでお書きになっている、有名なモンマルトルの〈バル・タヴァラン〉が経営困難で閉店して以来、〈ヌーヴェル・エヴ〉と〈ナチュリスト〉は、レヴュを出すキャバレーとして、一躍名をあげた。

　この種のキャバレーでは、シャンゼリゼ通りにある豪華な〈リド〉も、世界各国のお客を集めてはいたが、〈ヌーヴェル・エヴ〉と〈リド〉は入場料が一人千二百フランもしたのにくらべて、六百フランの〈ナチュリスト〉はよくはやった。

　他にも、レヴュを出しているキャバレーは、数えきれないくらい沢山ある。けれども、パリで最も知られているのは、この三つだった。

　入場料は、どこもまちまちだったけれど、キャバレーに入ったお客様に共通していえることは、テーブルについたら、必ずシャンペンをあつらえなくてはならないことだ。一本四千フランから五千フランとられる。それが、カヴァ・チャージの役目もしていたわけ。コカコラ一本注文しても、そこでは七、八百フランもする。

〈ナチュリスト〉の入口には、大仏顔の接待係ヴィクトールと、ムッシュ・ブロムが立っていた。やせて物静かなパトロンと、大デブの接待係は、奇妙なコントラストとして誰れの目にも映った。

入口を入ってすぐ右手には、十五、六人は坐れるバーがあり、いつもむっつりとブルドックのような顔をしたバーテンのルイスが二人の給仕をしたがえて立っていた。

客席までダエン形につき出させたガラス張りの舞台のまわりには、椅子とテーブルがぎっしり並んでいる。給仕長のジルベール以下がここを持たされている。入口からみて一番奥の方、一段と高くなったところがここのオーケストラボックスで、七人の楽師と楽長のジェルマンがいる。〈ナチュリスト〉は、開店五年目の新しいキャバレーだ。パトロンのムッシュ・ブロムをはじめ、ヴィクトール、ルイ、ジルベール、ジェルマン、その五人が資本を出しあってはじめた、いわば共同経営のキャバレーである。私たちにとっては、パトロンが五人いることになる。

それからマダム・ブロム。

ムッシュ・ブロムが、声を荒げたことは誰れも見たものはない。しごく物わかりのいい静かな人だったが、マヌカン上がりだという、やせた小柄の美人のマダムは、お天気屋で扱いにくく、すぐヒステリーをおこす。

マダムは、毎晩、舞台をのぞき舞台裏を視察にきた。ミンクの半外套を小粋に肩へかけて現れるマダム・ブロムに、誰れもが反感を持っていた。

事実、女の子たちのカントクは、イギリス女のミスがしていたのだし、ミスのヒステリーだけでいい加減神経を昂ぶらせられている、マヌカンや踊り子たちにとって、その上に小うるさい注意をあたえたがるマダムが、きらわれるのも無理はなかった。

「マダム・ブロムって、昔〈リド〉のマヌカンだったんだってさ」

ジョイアナが、どこからか聞いてきたニュースを三人に伝えると、

「いかにも、成り上がりものって感じだわね」

「女主人の貫禄なんてないものね」

などと、ひとしきり陰口がいわれた。

夏になって、むし暑い汗くさい楽屋と、人いきれの満ち満ちた舞台との間を、一晩じゅうかけずり廻っている私たちには、十時頃ちょっと現れて小言だけいって、さっさと帰ってしまうマダムに羨望もあったのだろう。キャバレーで働く身には、夏は冬より辛いものだ。

「こんな暑いのに、せまっ苦しいキャバレーなんかにきて、踊って汗かいて、お酒のんでるの、気がしれないわね」

「夏、こんなところへきてる人なんて、あぶれきってる人たちよ、きっと」

「要するに、田舎者《ペイザン》さ」

私たちは、むしろやけ気味にお客の悪口もいってた。オーソン・ウエルズなどという名俳優ですら、マヌカンのジネットをねらってちょくちょく現れ、血迷った目で、客席

からジネットを追いかけている姿を見ると、何かサカナにしてやりたくなる。

ジネットは、まだ十七歳のういういしい金髪の美少女だった。ジネットは、オーソン・ウエルズを、あまり相手にしてなかった。

「あの人、私を映画の主役にするとか、ハリウッドに連れてくとか、うまいことといってるけど、どうもコカイン中毒らしいわ。あんな人、大嫌い」

彼女は、利かん気らしく、肩をそびやかしてよくこういったものだ。彼女たちは、若くても、簡単に男の甘言に乗りはしない。それほど苦労もしていたし、それにオデットと別れたピエールを、ひそかに愛していたらしい彼女は、名優の甘言よりも、若々しい青年に心をひかれていた。

暑い日が続くと、私たちは一そう疲れを感じて、皆な不機嫌だった。踊り終えたカルメンが、楽屋に入るなり、

「いやだわ。扇風機かけてるなんて、汗かいてるのに、風邪ひいちゃうわよ。とめてよ」

と、口をとがらせた。

「冗談じゃないわよ。扇風機もかけないでいたら、死んじゃうわ」

と、ジョイアナ。

「でも、体に毒じゃない？」

「暑いもの、しかたないわよ。いやなら出てってよ」

「いったわね」

カルメンは、ぶつぶついいながら、煙草を片手に、洗面所に行ってしまった。

そんなご機嫌の悪い日に、〈ナチュリスト〉見物にきた、イタリアの女優ピア・アンジェリこそいい迷惑だった。ジョイアナは、同国人の同年代の成功者に対して、旺盛な敵愾心を見せた。

「ピアったら、しばらく見なかったけど、ちっとも綺麗にならないのね。ぜんぜん、カスンでるじゃない？　あれで女優とは、聞いて呆れるじゃないの」

私も、名前だけは知っていたから、そうっと舞台の袖のところから、ピアを見に行った。なるほど、美しいというよりもめだたない可憐さが、ピアの身上だと思った。ところが、ジョイアナにいわせると、

「レオニード・モギイ（映画監督。『格子なき牢獄』『明日では遅すぎる』）がね、ピアなんかより、私の方がずっとものになるって、いったことがあったわ」

と、いうことだった。

「カーク・ダグラスなんかお供につれてるのね。カーク・ダグラスって、ずいぶん趣味が悪いと思わない？」

聞いてる方でいや気がさすくらい、彼女の悪口はしつっこかった。私もしまいには、

あきあきして、合槌をうつ元気もなかった。映画俳優は、ピアに限らず〈ナチュリスト〉を見にきていた。

有名な人たちがくると、私たちは舞台に出て行って、逆に彼等を見物するのが楽しみだった。ミシェル・モルガンが、ご主人のアンリ・ヴィダルときていた時は、ふだんなら、舞台の袖から客席をのぞき見する私たちを怒鳴りつける役の、道具方のジョーが、真っ先に幕にかじりついて見惚れていた。私が、それを冷やかしてやると、「客席を注意するのも、僕の役さ」と、うそぶいて、いつまでも見てる。

「いったい幾つなのかな。いやに若く見えやがる。チクショウ！　映画より実物の方が綺麗じゃないか」

私も、ジョーの後から、モルガンの独特な澄んだ美しさ、控え目な態度にあらわれた品のよさと、何んとも云えない女優としての貫禄に、いつしか魅せられていた。

道具方のジョーは、しょっちゅう、何かしら口を動かしている人だった。いつ見ても仕事をしながら、サンドイッチなどを頬ばっている。

「食いしん坊ね」

私が、ある時そういってやった。

「僕は、胃がないから、少しずつ、何回も食べなくちゃならないのさ」

「へえ？　胃がないって――病気だったの？」

「ドイツ軍の捕虜になった時のことさ。食べ物を何んにもくれないんでね。胃なんかちぢんじまって役に立たなくなったから、切り取ったのさ」

彼は、情なさそうにお腹のあたりを撫で廻していた。そういえば、彼は、時々、開幕を報らせて歩く時に、「アハトン」と、ドイツ語で軍隊式にどなったりした。

このジョーが、ある時、舞台の袖で出を待っている私に、大事件のようにささやいた。

「ヨシコ！　ガリクペがきているよ」

「ガリクペ？　ガリクペって誰？」

「へえ！　ガリクペを知らねえのか、アメリカにいたくせに」

ジョーは、心外だという顔をした。舞台に出てみたら、ゲーリー・クーパーが、一番前の席に当時恋仲といわれた、フランスの女優ジーゼル・パスカルと連れだってきている。クーパーの髪の毛は真白に近く、黒縁のいやにごつい眼鏡をかけていた。私は、女学生時代からスクリーンで見慣れていたその人の姿に、若々しいカーボーイ姿をうつしてみて、かつて胸をおどらせて熱狂したその人が、現在、私の歌を聞いて拍手してくれているということで、私は幸福だった。

ソニア・ヘニイ、エロール・フリン、アラン・ラッド等も来た。私たちは、やはり、有名な俳優たちが来ると、いつもより張りきって、踊ったり歌ったりした。彼等も、普通の人たちよりよく拍手をしてくれた。

　ある夜、大きな体をもてあますようにして、最前列にミシェル・シモンが坐っていた。彼は、とても私の日本の部が気に入ったらしく、大きな手で拍手を送っていたけれど、休憩になったらギャルソン（給仕）に、「冷たいのみものでも御一緒にいかがですか」と、いって寄越した。

〈ナチュリスト〉と契約した時、私は、知人以外のお客のテーブルにはいっさい招待されない、という一札を入れていたのだけれど、有名な俳優ともなると、ちょっと会ってみたくて、

「ボーギアルソン（美青年）に会いにゆくの？」などとからかわれながら、私は、客席に行ってみた。

　醜男《ぶおとこ》の見本のような太っちょ。私は彼とならんで、早取写真をとった。

「時々ね、日本人からファンレターをもらいますよ」

　こういって笑う彼の姿は、実に好々爺然としていた。彼が、

「さ、サインして下さい」と、ポケットから手帳をだしてすすめられた時は、私は、おかしさと内心の得意さを、かくすことができなかった。

　彼のサインには、「あなたのファン、ミシェル・シモン」と書いてあった。

　ある夜、ジョイアナが舞台から上がってくるなり、

「ヨシコー、ヨシコー、日本人が来てるわよ」という。

「ほんとうに日本人？　あんたたちって、中国人もフィリピン人も、皆んな日本人にしてしまうんだもの」

「今夜は絶対よ。キモノ着た綺麗な人がいるもの」

半信半疑で舞台へ出て行ったら、三益愛子さんと川口松太郎さんが前列に坐っていた。私は、歌のあい間に、ニヤッとそちらに笑いかけたりする。こうして山口淑子、川喜多長政、五所平之助、益田義信、佐々木茂索、今日出海、小林秀雄、火野葦平、岩田豊雄さんたちを、舞台の上から発見した。

パリにきて、モンマルトルのキャバレーに私が歌っていると聞くと、わざわざ忙しい暇をさいて出かけてきてくれた。何人、日本の人が来てくれたか、いちいちは覚えてはいない。けれども、私の舞台をよく見にきて下さったのは、川喜多さんと益田さんで、あるミュージック・ホールに出ていた時など、益田さんは客席から「好子、がんばれ！」と、日本語でどなってくれた。

私は、歌いながら、目頭が熱くなるのを感じていた。

〈ナチュリスト〉の常連のなかで変ったところは、元のエジプト王ファルーク、それからアラブのプリンス（皇太子）という十六、七歳の少年だった。

ファルークは、昔、ハレムさながらの宮殿を持ち、女と酒に放蕩の限りをつくして、自分の治めていた国から追い出された人物である。亡命とはいえ元王様だから、〈ナチユリスト〉へくるにも、十人からのお供がつき、ごていねいに、ファルークが便所に行くにも、十人が十人そろってお供をして行くのには驚いた。

ちょうどその頃、夫人と別れた記事が、大々的にパリの新聞を賑わしていた。マヌカンたちは用もないのに、ファルークのお目にとまらないものかと、王様の廻りをお尻を振って歩いた。ファルークには、それがいっそう彼の目を楽しませているらしかった。

アラブの皇太子という少年は、数人の侍従をしたがえ、これまた一カ月間というもの、ずっと通いつづけてきていた。それがパッタリ姿を見せなくなった。流石にあきたのか、それともお目当のマヌカンがものにならなかったのか、またはさんざん搾りとられたのか、それは知らない。

「あんな子供が、毎晩、女の裸ばかり見てたから昂奮して、きっと病気になったのよ」

カルメンが、こう云ったので、私たちは、どっと笑いこけた。

〈ナチユリスト〉のマヌカンたちは、パリ一といわれるくらい美女が集っていた。〈リド〉はマヌカンに、イギリス人の女性だけを集めていたり、〈ヌーヴェル・エヴ〉は五尺五寸以上の女性でなければ採用しなかったから、小柄でも美しければ採用する〈ナチユリスト〉には個性の違った女たちがいた。

「〝おっぱい小僧〟なんか、あのそばにならべたらかすんじゃうね」と、A新聞の特派員をして感嘆させた、白痴美のシモーヌ。

「パリで美しいのは、エッフェル塔とコレットのお尻」と、誰れいうとなく伝わっている、でっ尻で肉体美のコレット。

雪のような体に、乳首だけ染めたように赤い、大理石の像のようなマドレーヌ。やせぎすで少女らしい体つきだが、つぶらな目のきょとんとした、鼻が上をむいているミシュリーヌ。

黒髪をクレオパトラ風にたらした、ヴァンプ型のギーラ。それは、色とりどりの花のようだった。そして、それは夜の花だった。

〈ナチュリスト〉の月給は、最高の私が十五万フランで、マヌカンたちは五万から六万フラン。踊り子たちの月給は四万五千フラン以下。それでいて、マヌカンたちの大半は、私たちアルティストより、ずっといいかっこうをしていた。

ミンクの毛皮に、本物のダイヤモンドを指にはめている人もいた。

若い女はおしゃれがしたい。あれも欲しい。これも欲しい。そこから、しぜん堕ちてゆく。堕落するためには、このようなキャバレーは、何んと都合よくできていたことだろう。月給が少ないから……それだけが理由にはならない。

午前三時半に、最後のレヴュが終っても、踊り子たちの数人は、すぐには帰らないで残っている。家が遠くてタクシーもやとえない、そういう踊り子たちは、皆んなが帰った後も楽屋に残って、髪を洗ったり、洗濯をしたりしながら始発の電車を待っている。

三時半を過ぎると、〈ナチュリスト〉の入口は、帰りの踊り子やマヌカンたちで、ひとしきり賑わった。

お化粧を落した踊り子たちは、粗末なふだん着にきかえると、急に別人のようにはなやかさをなくした。

それにひきかえて、マヌカンたちはお化粧も落さないで、派手な服を着て、あらかじめしめし合わせておいた〈ナチュリスト〉のお客たちと、高級自動車に乗ってどこかへ消えて行った。

踊り子たちは、マヌカンたちの豪華な衣裳やアクセサリーを見て見ぬふりをしている。彼女たちは、溶けあえぬ水と油のように、楽屋も別々なら友人付き合いもしなかった。〈ナチュリスト〉の芸人たち。それは私をはじめ、インターナショナルだったけれど、来るお客様たちもそれぞれ国籍の違った、インターナショナルだった。ペドロと称するキューバの砂糖王が現れたのは、そろそろ夏も終って、ヴァカンスに行っていたパリジャンも、古巣恋しく帰ってきて、陽焼けをした人々で、キャフェのテラスが賑わいはじめる頃だった。劇場やミュージックホールも、いっせいに秋の演《だ》しものをかけはじめていた。

「ローラン・ジェルヴォーが、あなたに会いたいって――ペドロも一緒よ」

花売りのフランソワーズが、私に報らせにきた。私は、その一応国際的歌手として知られているジェルヴォーとは一、二度放送局で会ったことがある。

「ペドロって、誰れ？」

「そうね、ヨシコは知らないかもしれないけど、ペドロってキューバの大金持よ。毎夏、パリへ遊びに来る人。パリのキャバレーで、ペドロのこと知らない人はないくらいの人気者なの。派手にお金使う、カモだからさ」

フランソワーズはニヤニヤ笑いながら、こうつけ加えた。

「でも変ね、あなたに会いたがるの。彼、男色なんだけどな」

「じゃ、ジェルヴォーの何んかなの？」

「そんなところでしょう——恐らく」

私は、読みかけの雑誌をおいて、ともかく客席へ降りて行ってみた。

ジェルヴォーは、六代目を少し間のぬけた顔にしたような、白髪の、でっぷりした男と坐っていた。

「ね、ヨシコ、キューバで働く気はない？」

突然、そういわれて、私はきょとんとしてしまう。

「この人がね、君のこと契約しないかって、いってるんだよ。この人は砂糖王だけど、劇場や〈トロピカーフ〉っていう有名なキャバレーの株主でね、君の歌が気に入ったんだって」

「そんなこと、不意にいわれたって困るわ」

「それじゃ、ここが終ったら、三人でゆっくり話そう。出口のところで待ってるよ」

キューバ。キューバへ行くのも、ちょっと悪くないな。

私は、楽屋に帰ってから南国の青い海を目に浮かべた。キューバに行ってみようかしら……。


仕事の後で、私は二人に連れられて、ロシア風のキャバレー〈モンセニョール〉に行った。驚いたことに、私たち三人がそこへ着くと、入口に立っていたマネージャーらしい男は、平身低頭しながら、オーケストラのところに一瞬合図を送る。全員が、手に手にヴァイオリン、セロ、コントラバスなどをかかえてきて、賑やかな音楽を奏しながら玄関まで出迎えるのだった。

「ああ、金の世の中だ」と、私は、奥のテーブルへ案内されながら、白らけた気持になっていた。そして、よく知りもしない彼等の後について、のこのこキャバレーなどへやってきた、自分のおっちょこちょい加減に、いや気がさしていた。砂糖王は、

「この冬のシーズンに、キューバで働いてみないか、三カ月の契約で、一日百ドル払うけれど」と、スペイン語なまりで云って、言葉をついで、「パリはいいところですよ。でも、お金はもうからない。お金のもうからない仕事なんてつまらないものです。ドルですよ。キューバでもうけてパリで遊ぶ。それが、一番いいと思いませんか？」

私は、ご説ごもっともと思った。

「いいですか？　十二月一日にパリを出発して下さい。レヴュがはじまるのは、十二月十五日から三月までです。契約書はすぐ作りましょう」

まるでもう、決定してしまったように云う彼を見ながら、私は〈ナチュリスト〉との契約を考えてみた。契約はいざとなれば、破棄することだってできよう。でも、私のために作った舞台はどうなるだろう。親切にしてくれたムッシュ・ブロムやマダムは、私のキューバ行を聞いて何と思うだろう。信用できるのは日本人だけだといってくれた人たちは、今度は何んというだろう。

「行かれませんわ。私」

ジェルヴォーが、目を丸くした。

「こんな良い話って、そうそう無いってことがわかんないの？　一度チャンスを逃したら、再びくるもんじゃありませんよ」

「やっぱり駄目だわ。私、〈ナチュリスト〉を、五月まではなれられないもの」

二人は、私のアパートまで車で送ってくれた。

正直にいって、私は無性に淋しかった。とても大損をしたような気持。一日五千フランの収入が三万五千フランに変るところだったのに……と、悔やんだりした。そのくせ、心の片隅では「これでいいんだ」とささやく声もあった。パリにいたくて契約した〈ナチュリスト〉じゃないか。私はパリで、豊かではなくても、仕事をしながら勉強しよう。私は、ふっと心に迷い込んできた一陣の風を追い払うように頭をふった。

キューバでもうけてパリで遊ぶ。それが、一番利口なことかも知れないけど、やはり私は、不器用でも私らしく生活しよう。それでいいんだ。負け惜しみみたいだけれど——。

何んだか自分が、いじらしいような可愛いような気持になっていた。

パリで一番のお尻

「オレ！　オレ！」メキシコ風の衣裳をつけた私たちは、威勢よくフィナーレで歌う。音楽に合わせて。

「オレ！　オレ！」スペイン風のかけ声をしながら……はしゃいで「キャフェ　オレ」（牛乳入りのコーヒー）などと大声でいってる踊り子もいた。最終回の舞台は、いつも皆んなほがらかだ。

　三時半、私は、どしんと椅子に腰かけて、お化粧をおとし始める。疲れて青ざめた顔が、濃くぬられたドーランの下から出てくる。私の本当の顔が。

　つまらない顔。毎晩、私はお化粧をした鏡の中の自分の顔に向って、心の中でつぶやいた。そして今、お化粧を落としたばかりの顔に、そっと眉をひき口紅をつけてみる。

「マドモワゼル、おめかししてどこかお出かけ」と、からかうリュシェンヌに、

「夜食にゆかない」と、私はさそいかける。

　私たちは腕を組み、賑やかなピガール通りへ出る。この街は、軒並みにキャバレーが立ち、夜通し遊び廻っている、めかし込んだ男女のそぞろ歩きの群れに、盛んに、客引き連が呼び掛ける。その人たちと歩調が違うのは、私やリュシェンヌのように、キャバ

レーの仕事を終えて、お腹を空かした芸人たちの、いそぎ足だ。

レストラン〈アルザス〉は、ピガール通りのはずれ、フォンテン通りに出る角にあった。夜通し開けている高級レストラン。そこには、着飾ったキャバレー帰りのお客にまじって、女給や芸人たちが食事をしていた。よいお客を連れてくることを見越して、私たち芸人や女給たちには原価支払いの、シックなレストランだった。

店の中はほの暗く、テーブルの上に一つずつおかれた小さなランプが、かすかな光をなげていた。

レストランの奥はバーだった。そのバーは、〈ナチュリスト〉〈ヌーヴェル・エヴ〉の女給たちのたまり場みたいになっていた。

〈アルザス〉に初めて連れて行ってくれたのは、リュシエンヌだった。

「そこのパトロンが、ちょっといい男なのよ。紹介するわね」

〈ナチュリスト〉が始まって間もない頃、私は、リュシエンヌのお供をして〈アルザス〉のドアをくぐった。私たち二人は、すみのテーブルをとってお行儀よく食事をした。あの頃はまだ、リュシエンヌは、私のことを「お前《トワ》」とは呼ばずに「貴女《ヴー》」と、呼んでいたっけ。

私たちの食事が終りかけた頃、隣のバーから、派手な笑い声を立てて三人の女が入って来た。

〈ナチュリスト〉の花売りのフランソワーズ、女給のイルダとフランシーヌだった。

「おや、珍しい、私たちも一緒に坐っていい？」

イルダが、嬉しそうにいった。彼女たちが私たちと話しをすることは滅多にないことだった。マヌカンたちと踊り子たちが同じ楽屋にいても、付き合わない以上に、客席にいる女給たちと私たちとは、全然、付き合いがなかった。私たちと時々話しをかわすのは、客席と連絡係をやっているフランソワーズくらいのものだ。イルダは、小柄で小ぶとりで、年増的魅力の持主だった。フランシーヌは、女優かと思うほど、目鼻立ちのはっきりした美しい人だった。

「私におごらせてね」イルダが、皆んなにコニャックを注文した。

その夜、私たちは、夜が明けるまで話しこんでいた。皆んな親切な女たちだった。彼女たちは、自分から近よろうとはしなかったけれども、こちらが優しくすれば、その好意を、倍にも受取る風だった。

私とリュシェンヌは、一週に一度は〈アルザス〉へ夜食に行った。或夜、私たちの横に坐り込んだイルダが、フランシーヌのことを話し出した。

フランシーヌは、マルセイユ生れで、若くて結婚し、堅気な暮しをして、赤ちゃんまで出来たのに、そのまま年を過すには、彼女が美し過ぎたのだろう。或る日、識《し》り合った美青年と恋におち、文字通り、手に手をとって、パリに駆け落ちして来た。ところが、男の正体が〝マクロ〟だと判った時は、もう遅かった。マクロとは、女を働かせてお金をしぼって暮している男のこと。

「だから、フランシーヌが病気だろうと何んだろうと、仕事に行かせるのよ。そして稼ぎが少ないと、なぐったり、蹴ったりされるの。あの子を見てごらんなさい、百フランだって自分の小遣いは持ってたためしがないし、体なんか、年中、打身だらけよ」

「そんなで、どうして別れないの？　その男を愛してるのかしら？」

私のこの質問に、リュシェンヌが苦笑したが、今度は、彼女が説明した。

「愛してなんかいないわよ。愛だなんて、ばかね、あなたも……。あの人たちは、ただ、後のタタリが恐くって、逃げられないのよ」

「そうよ。可哀そうに、マルセイユに置いて来た子供の写真みて、時々、泣いてるわよ」

イルダは、女給の悲しさというものを、何気ない風に、それでも、心の奥に怒りをこめて話した。

〈アルザス〉には、せむし男の花売りがいた。彼は、仕事になりそうなお客に花を売ってしまうと、フランソワーズと花売り同士で、仲良くダイスをしていた。〈四百二十一〉という遊びだった。

イルダは、時々、その男から残りの花を安く買うと、私の手におしつけた。「おみやげよ」

フランソワーズが、「イルダったら、からきし、ヨシコに惚れてんだからね」と、横からからかった。イルダはふた言目には、「女給なんか止めたいな」と、ためいきをついた。

実際、女給という職業は哀しい職業だ。芸を身につけない女が、娼婦におちる一歩手前の職業だ。女給たちは、店が開くと、めかし込んで、客席の隅に散らばって坐る。〈ナチュリスト〉には、この種の女が十二、三人はいた。男たちだけの客が来ると、彼女たちは急いで……だが、何気ない嬌声をあげたりして、客に近づき横に坐り込む機会をとらえる。その収入は、固定給が店からは出ないので、ブティユ（瓶）とチップでかせぐ。ブティユというのは、お客の飲んだシャンペン一本につき一割の歩合を貰う仕組みのことだ。だから、出来るだけ沢山のシャンペンを客にとらせようとして、お客の目を盗んでは、中味をどんどん、シャンペンを冷すためにおいてある氷入れに、あけてしまったり、床にこぼしたりする。

或夜、私が例によって舞台から、お客たちの様子を眺めていると、日本人のO氏が、にこにこして坐っている。女給のアンドレが、その席に近づいて、モーションをかけているのが見えるので、断れば良いがと思いながら、楽屋に戻り、二度目に舞台へ出た時は、アンドレがとうとう、O氏の横にペタリと身を寄せて、がぶがぶシャンペンを飲んでいた。何んとかして止めさせたいとは思ったが、仕事中で、客席へ降りて行く訳にもゆかない。三度目の舞台の時刻には、アンドレは、買わせたらしい高い花など胸につけ、パクパク大口をあけて食事している始末だった。やっと、休憩になると、私は急いで、O氏の席へ行った。

「やあ、暫らく」

などとご機嫌なO氏に、挨拶もそこそこに、私は囁いた。

「女給に、こんなに飲み食いされたら大変ですよ、レヴュは終ったし、シャンペン一本のうちにお帰りになった方がいいわ」

だが、O氏は、ちょっと困った風に、

「でも、これ、実は三本目なんです」

がっかりして、引き上げようとした私を、アンドレが引きとめた。彼女は、私にまでいやに愛想よく、それでもねちねちした口調でいった。

「ね、この人、フランス語通じないのよ。帰る時、私にチップ呉れっていってね」

私は、ムッとしてしまう。

「私の友だちと、商売しないでよ」

当てがはずれたといった顔で、私を見上げたアンドレは、真赤な唇をゆがめて、

「あなたって、いい人かと思ってたけど、ずいぶん意地悪ね」

「意地悪ですって？　話しが通じなくて断われない相手につけこんだりして、お金もうけする人の方が、ずっと意地悪じゃないの」

　私の剣幕がすごかったのか、アンドレは、それ以上からまないで引き上げた。ぷんぷんしている私に、イルダはなぐさめ顔で、

「アンドレは、恥知らずのユダヤなのよ。あまり、悪どいことするんで、ムッシュ・ブロムが、一度首にしたくらいだもの。あの人、一カ月前に、詫びを入れてまた帰って来たけど、あさましいことばかりするから、私たちも困ってるのよ」

　と云ってた。でも、〈アルザス〉で会ったイルダは、「アンドレみたいな人は、女給になるために生れて来たような人なんだわ、もうけて暮してゆける人なんだわ。私はだめ」

　と、むしろ羨むようにいうこともあった。

「じゃ、あなたは、もうからないの？」

「ええ、女給だけじゃ、暮しはたたないの。だから、好きでもない男と同棲してんのよ。お金のために、いやな男にしばられてんの。女給をしてるのはいやだけど、家にいるのは、もっといやなの。だから、こうして、仕事の後ここへ来て、ビールを飲んでるのが、私の唯一つのたのしみなのよ」

「でも、こんな夜遅くまで帰らないで、その男の人、平気なの？」

「だって、向うも夜の商売だもの」

私は、何の商売をしているのか聞きたかったけど、聞いては悪いような気がして黙っていた。そんな時、ギターひきのロベールが来ると、イルダは、『泣くなネリー』を歌ってよ、とせがんだ。彼女の好きなシャンソンだった。

ルフラン

ネリーよ　泣くな
ネリーよ　泣くな
明日は　僕が絞首刑になる日だ
ネリーよ　泣くな
すべては　明日で終りになる

クープレ

母にいってくれ

僕は母を愛していたと
しかし僕は母には心配しか掛けなかった
心配しか掛けなかった
僕は母のやさしい微笑が
母の涙が　母の清らかな顔が　好きだった
母には　何もいうことが出来なかった
僕の心は　あまりにも　ひねくれていた

背のひょろひょろと高いロベールは、肺でも悪いような青い顔をしていた。

「止めたい、止めたい」と、口ぐせのようにいっていたイルダは、いつの間にか〈ナチュリスト〉に来なくなった。

私は、舞台の上から客席を眺めて、彼女が、私にほほえみかけている姿の見出せないのが、ふと淋しく思うこともあった。

〈アルザス〉のパトロンに相手にされなかったリュシェンヌは、前のように、〈アルザス〉に行こうとは云わなくなったし、私も、イルダのいなくなった後、〈アルザス〉に足を運ぶこともなくなった。

私とリュシェンヌは、〈ナチュリスト〉に一番近い、簡単に食事の出来るキャフェ用のレストランへ行くようになった。

そこは、少しがらが悪くて、食事に来る人は芸人か、ピガールあたりをうろついている〝マクロ〟たちだ。マクロたちは、派手な遊び人風の恰好をして、大てい子分をつれていて、女たちが入ってくる度に、上から下まで眺めまわして、小声で批評したり、何か下品な笑い声を立てている。そして、明るい電気のついた安料理店だった。

或夜、二人で食事をしていたら、一カ月前に〈ナチュリスト〉を止めた女給が入って来た。優しい、頰に泣きぼくろのあるその人は、肺病のご主人と二人の幼ない子供のために働いていた。素人らしいのが却《かえ》って新鮮にうつるのか、その人は、数多くいる女給たちの中で、一番お客がついていたのに、仲間のアンドレにいじめられて止めてしまった。靴下を買うお金もない人で、いつも同じ黒いレースのブラウスと、黒いスカートをきていた、この女の名は、ミュリエール。

「どうしてるの？」「今、クリッシーの方で働いてるの、悲しいことばかりなのよ」「何か、飲まない？」

彼女は、坐り込むと、

「子供が死んだの。私の留守に、出しっぱなしにしておいたアスピリンをみんな食べちゃって、死んじゃったわ」「いくつだったの」「一つ半」涙がポトンと、テーブルの上にしみを作った。

別れる時、私はそっと、持っていたお金を全部渡した。

「そんなことしないでいいのよ」見上げた頬に、泣きぼくろが哀しかった。

十月に入ると、急に冬のような寒い日がつづいた。

夕方ころ、ナフタリンくさい外套にアゴをうずめて、夕食の買出しに出かけたら、街角でばったりと、フランソワーズに出会った。彼女は、私に近づくなり、

「今ね、そこでイルダのダンナに会ったのよ。

イルダはね、世話になってたダンナのところを、逃げ出したんだって。彼はね、小さいバーかなんかやってたけど、ギャングみたいな人なの。彼女は、後のタタリが恐くて、今まで一緒にいたんだけど、金持のおじいさんでも見つけたのかしらね。逃げちゃったんだって。何しろ、もうパリにはいないらしいわ」

「じゃ、金持の人と、どこかへ行ったというわけ？」

「そうね、そうでなかったら……」

彼女は、一瞬、いおうか、いうまいか、考えてる風だった。落葉がガサガサと音をたてて、足下をころがっていった。

「私、もしかしたら、イルダはベルギーの私娼窟に身を売ったんじゃないかという気もしてるの」

「そんなこと、そんなことないでしょう。そんなにしなくたって……」

「あなたには、そんなこと分りっこないんだわ……」

フランソワーズは、凍りついたような顔でいうと、丁度横にとまっていたタクシーに、とび乗ってしまった。私は、彼女が泣いているんじゃないか、と思った。

私は、街角にひとりとり残されて、タクシーの去って行くのを眺めていた。その中に、イルダが乗っていて、遠くへ遠くへ行ってしまったような、錯覚をおぼえながら。

木枯しが、サッとふきすぎた。私は、コートの襟をふかくかき合わせた。

シャンソンの街

私は、初めの舞台をどうやら歌い終えると、あふれ出る涙をふきもせず楽屋にかけ込んで、衣裳もそのままに机の上に泣き伏した。丁度、何カ月か前、リュシェンヌがしたと同じように……

「おばあちゃんが亡くなりました。苦しみもなく、安らかな顔をしていました」

今朝、父から受けとった手紙を、私は、来るものが来たという諦めで読んだのに、舞台に出たら、急に、笑い顔をしている自分の顔がゆがんでしまった。悲しい顔すらしていられないことに対する、内心の反抗もあったのだろうか……。歌う唇がおののいて、思わず声がふるえた。

外国へ来てから、気が立っているのか、長いこと病床にいるというおばあちゃんの死んだ夢を見たのが、二、三日前のこと、

「この夢は正夢なんだわ」

そういう私に、とみ子は、一緒に悲しい顔をしていた。

私がアメリカへ発った時は、元気で見送りに来てくれたのに、私が日本へ帰る時は、出迎えてはもらえない。私は、孫として何一つしてあげられなかった。女として不幸な

一生を送ったおばあちゃんのことを思うと、後悔が臍《ほぞ》をかんで苦しかった。

楽屋の人たちは、皆んな優しかった。ジョイアナは、わざわざ、つまらないことにおどけてみせたりした。そして、そうされればされるほど、私は、ますます悲しくなった。

十一月の初めは、うす曇りの、雨の日が多かった。

私は、あまり外に出なかった。午後おそく起きて、仕事にゆくまで、うす暗い部屋で、ぼんやりと煙草を喫っている時間が多かった。「カファール！」私は、小さくつぶやく時もあった。

そんな私を心配して、階下《した》に住んでいるSさんが、イーヴ・モンタンの独唱会に、さそってくれた。

土曜日の午後、私たちは、凱旋門の近く、エトワール劇場のマティネを聞いた。

マティネのせいか、若い人たちが多かった。この独唱会を始めてから、一カ月もたつというのに、お客はおとろえるどころか、連日満員という……彼の人気を示していた。

彼は、シャンソン歌手としてだけでなく、映画『恐怖の報酬』の中で、名演技をみせた後だったから、今は人気の絶頂だった。

「イーヴ・モンタンは共産党だろ、だから共産党の客たちで音楽会をすりゃ一ぱいになるのさ」

「共産党も、彼にとっては一つのお客様だものね」

と、人気をそねむ人たちは陰口をきいたけれど、そんなこと、私には何にも関係のないことだった。彼は、私にとって、立派なすばらしいシャンソン歌手だということだけだ。彼は、茶色のズボンに茶色のスポーツシャツで、長身をつつみ、颯爽と舞台に現れた。

　気持のよい笑いをうかべて、彼の歌いぶりには、はったりがない、素直に、何気なく、魅力のある深い声で歌う。

　それは、聞いている人に、親しさと楽しさをあたえる歌だった。私は、いつまでもこの音楽会が終えなければよいが、と願った。楽しい歌の時は、思わず私も、ほほえんで聞いていた。

日曜の休みになると　ブランコ娘はブランコに
彼女は美人で　その黒いスカートの下に　白い足が見える
店屋が叫ぶ「坐って休みなされ　下りなされ　今夜は充分に
そんなに立ち通しで乗りつづけたら　足が折れても　知らないよ」
しかし　ブランコ娘はブランコで、笑ってこぎまくる
彼女は美人で　突然空に飛んで行きそう
だけど　それもできないで　ブランコ娘は　下りて来る

彼女が下りて来た時に　僕は感激して　いった
「翼をお持ちかと思いましたよ」
そして二人は　遊びに行った　射的をうって、メリーゴーランドにのって　サーカスをみて
けれども彼女は面白がらない「アリガト、あのブランコに帰りたいの」
そして彼女は僕をすてて　ブランコに乗りに行ってしまった

私は、幸福な気持で夕暮れの街に出た。あんなに歌えたら……。さあ、私も勉強をしよう。

久しぶりで、私は、はればれした気持になっていた。それをしおに、土曜の午後になると、私は、しばらく行かなかったミュージックホールを、聞きにゆくようになった。

パリのミュージックホールは、寄席小屋といえば、一番感じがぴったりとする。軽業、手品、アクロバット・ダンスなどがあって、その中に二、三のシャンソン歌手も出演するのだが、大抵は、一人の有名なシャンソン歌手を、呼び物にしていた。

こういう小屋は、〈ボビー〉〈トロワボデ〉〈オランピア〉の三つだ。〈ボビー〉は、モンパルナスに昔からある有名な寄席小屋で、ごみごみした街中の、余り立派でない入口を入ると、古ぼけた舞台とギシギシ音のする堅い椅子のならんだ劇場。お客も別に、他《よ》

所行《そ》きの身なりをした人はない。角の小間物屋のおじさんと、おかみさんがコートをひっかけて、ちょっと息抜きに来た、という風な人が多い。

ところが、演《だ》し物は一流だ。私は、こう云う小屋で、マリ・デュバ、ジュリエット・グレコ、エディト・ピアフなどをきいた。

エディト・ピアフやジュリエット・グレコは、歌う時、自分のユニフォームのように、いつも同じ衣裳をつけていた。

ダミアもそうだけれど、エディト・ピアフは、黒のじみなワンピースを着ていた。ジュリエット・グレコも黒のイヴニングだった。この人は、髪を長くたらし、お化粧もしない頰が桃色で、清純な感じを人に与えた。人々は、グレコのことを、サンジェルマン・デ・プレの少女とよぶように、文学少女だった。

　ブランマント通り
ブランマント通りに台を設《しつ》らえ
糠《ぬか》を入れた箱がおかれた
それがブランマントの首斬台だった
ここでは首斬人は、早く起きた
将軍や、司教や、提督を切るのにいそがしい

ブランマント通りに、貴婦人たちが、やって来た
おめかしをして、金ピカの飾りをつけて、
でも、その貴婦人たちには、首がなかった、帽子をかむった頭が、ブランマントの
下水の中に……

こんな変った、ジャン・ポール・サルトルの歌などを歌っていた。

オペラ座近くにある〈オランピア〉というのは、映画館を改造して、寄席小屋になってからまだ一年ほどで、だだっ広く、シャンソンを聞くような落着いた気分のでない劇場だった。お客は若い人が多いけれど、まだ客足がしっかり付いてない感じだった。なかで、私の一番好きな劇場は、〈トロワボデ〉だった。それは、モンマルトルにあり、三、四百人ぐらいしか入らない、いかにも寄席小屋の雰囲気がでる所だったが、ここは、新人歌手を出すので知られていた。お客は、フランスの中年以上の人たちで、定連《じょうれん》ばかりで、耳が肥えている。他の小屋が、十五日契約なのに、ここだけが、うけた芸人は、そのまま何日でも出演させた。劇場の持ち主、カネティ氏は、レコード会社の社長なので、ここでうけた歌手は、どんどんレコードで売出したから、一躍、有名になっていった。

私が、リュシェンヌ・ボワイエを聞きに行き、初めてムルジの歌を聞いて、心をうば

われたのもここだった。

ムルジが、そこのスターになってから、彼の出ていた前座の時間に、濃いヒゲの大男が、ギターをかかえて無表情に、自作の民謡風なシャンソンを歌っていた。民謡風なきまりきった、一つの節《ふし》に、自作の詞《ことば》を、おもしろおかしく、ある時は悲しくつけて歌う彼の歌は、パリジャンの好みにあったらしく、ものすごい拍手をあびていた。

それなのに、舞台の彼は、おじぎもせず、笑いかけるでもなく、まるでたった一人、誰もいない街角ででも歌っているような風だった。彼は歌っていた。自分だけのよろこびを、悲しみを、自分だけで、かみしめながら。

それから半年後には、このジョルジュ・ブラサンスというカナダ生れのフランス人は、〈トロワボデ〉のスターになっていた。

〈トロワボデ〉は、次々とスターを生み出してゆく。ムルジ、ブラサンスについで、今はフィリップ・クレイ、カテリーヌ・ソヴァージュが人気をあつめている。

劇場は、有名なレヴュ劇場の〈カジノ・ド・パリ〉〈フォリ・ベルジェール〉をはじめ、いくつもあった。音楽ものとしては、大ていレヴュか、オペレッタをやって、二年も三年もロングランをしていた。だから、シャンソン歌手は、この三つの寄席小屋に出るか、または、キャバレーに出演していた。

一流の人たちも皆な、キャバレーに出ていた。シャンソンは、キャバレーで聞くのが、私は好きだった。

キャバレーにも、いろいろな種類があった。一番豪華なのは、亡命ロシア人たちが開いた、いくつかのロシア風のキャバレーで、そこでは、ツィガーヌの音楽を呼び物にしていた。

白髪の品の良い、かつては何々公爵とよばれた老人たちが、給仕長をつとめているという、このようなキャバレーへ来るお客たちは、金持で粋をこらした装いの人が多かった。

楽師たちは、手に手に、ヴァイオリンやセロ、コントラバスを客席まで持ち出して、お客の耳もとで、むせびなくツィゴイネルワイゼンの一節をかなでていた。私が初めて、パリでデビュした〈シェヘラザード〉も、この種のキャバレーだった。

〈シェヘラザード〉は、レマルクの『凱旋門』の中にも出てくる、古いキャバレーだった。そのことにも、私は一つの感情はもっていたけれど、ツィガーヌの哀しいすすりなく音楽《メロディー》を、毎晩聞けることは、その頃、私の一つの楽しみでもあった。

その他、サンジェルマン・デ・プレの地下室のキャバレーでは、ジャズの熱狂的な騒音の中で、若者たちが踊りまくっていたし、モンマルトルの丘にかけて立ちならんだ、キャバレーというにはあまりに古めかしく、華やかでない店の中からは、十年一日の如く、モンマルトルの古い歌がうたわれていた。

バティニョールで
彼女のお母さんはフロラと呼ばれていた
彼女はお父さんを知らなかった
小さい時　彼女はバティニョールの
学校へ入れられた
火の色の髪の彼女が
青空の下を　散歩するときは
バティニョールに
後光を見るようだった

シャンソンの先駆者アリスティード・ブリュアンの作った、数多いこのような歌を、モンマルトルの人は皆んな知っていた。ブドー酒に目のふちをそめて、人々は毎晩、声を合わせて歌ってる。キャバレーの変った所では、同性愛の人のキャバレーがあった。マックスが〈ナチュリスト〉が終ってから、夜明けまで働いていた〈マダム・アルテュール〉、それから〈キャッセル〉などというキャバレー。

私は、ジョイアナにさそわれて、或夜、〈ナチュリスト〉がひけてから、〈マダム・アルテュール〉のドアをくぐった。〈マダム・アルテュール〉とは、この店の主人の名だが、マダムといっても立派な男性で、むしろ、頬骨の高いゴッゴツした中年の男だが、無理矢理に女装をしていた。この店の舞台の出演者は、全部、男で、それがまた全部女装して、歌ったり踊ったりするのだ。

マックスは、ピンクのレースの洋服を着て、二人のパートナーと、しなを作って踊ったり歌ったりした。遠くから見ていると、どうしても、男と思えないほど、彼らは美しかった。その他の番組も、どれもこれも、なかなか凝った衣裳で、舞踊もスペイン風もあれば、インド風もあり、ソプラノ（？）歌手も出れば、ダミア風にスゴんだ歌手も出た。中には、海水着で出て来た人もあった。

「ここに来る人たちは、女のくさったみたいな連中だから、働きにくいですよ」

バーの前に立っていたら、バーテンダーが、こんな愚痴を聞かせた。

マックスが呼ぶので、楽屋に行って見ると、すごい胸毛を出した男が、顔だけは女のメーキャップをして、

「私のスカート、やぶれてるわ、困っちゃった」

などといっていた。私は、いい加減気持が悪くなり、嫌な顔をしてむっとしているジョイアナを促して、外へ出た。冷い夜気にあたり、ほっと息をつくと、お互いに、何とも困った表情で顔を見合わせた。

「あれが、お兄さんと思うと、ぞっとするわ」

ジョイアナが、吐き出すようにいうのに、私も、

「何もあんなことしなくたって、マックスは、立派なダンサーなのにね」

と、答えるより他に言葉もなかった。

「お金になるから、やってるわけじゃないのよ。〈ナチュリスト〉で働いてるだけで、充分暮せるんだもの。でも、マックスは、ああやってるのが好きなのよ。あすこに出てる男たち、別に、お金のために出てるんじゃないのよ。皆んな好きで好きで、たまらなくて、ああやってんの。いやあね。私、ママが可哀そうでならないわ」

私たちは、街角で両頰にキッスし合って、別れた。

ジョイアナの後ろ姿が、小さく可憐に見えた。

憧れのダミア

その日は、朝から雨が降りつづいていた。

パリの雨は、降り出して五分もしたら上がるのに、その日は珍しくしとしとと朝から降りつづき、スティームの通った部屋にいてさえ背中のあたりがぞくぞくするような、いやな日だった。

私は、正午すぎタクシーに乗って、〈トロカデロ〉の近くにある、ダミアの家をたずねた。

「風邪ひいてねてるのよ、私の部屋に来てね」

彼女は、電燈もともさない、うす暗い部屋のベッドの中で、ユタンポをかかえていた。それでも、派手なお化粧だけはいつもとかわらず、花もようの長じゅばんを、羽織っていた。

「あー、日本に行きたい。皆んな、私が日本を発つ時、もう一度来てくれっていって呉れたのよ。私、日本に帰化しても良いと思うの。それほど、日本が好きよ。こんなセチがらいパリなんか何んのミレンもないわ。

それなのにね、私を世話してくれたSさんが、こないだ、あなたのような年寄りは、もういりません、っていいに来たわ。ヨシコ、私を年寄りだと思う？　そんなことないでしょ？　私は、年なんか取っていないわ、私はまだ歌えるわ」

彼女は、Sさんにいわれたことが、よほどこたえたらしく、私を電話でよび、私にうったえたかったのだろう。

「私ね、日本だけが、私の国のような気がするの」

私は、やっと口を開いた。

「そうかしら、そりゃ貴女は、二カ月ばかりいて、歓迎されたからでしょう。あなたが、日本に長くいたら、やはり、パリと同じだと思うんじゃない？　日本だってセチがらいのよ。あなたは、パリだけがそうだというけど、あなたは、日本の良いところだけ見てきたんだわ」

私は、やっというべきことを見つけたと思って喋り出したのだが、彼女は、私のいうことなんか聞いていない風だった。咳をしながら、ゴルワーズ（フランスのタバコ）に火をつけた。彼女は、窓ガラスにふきつけるこまかい雨の方を、遠くを眺める目で、眺めていた。

ダミア。その名は、私のイデアルだった。永い永いこと。

私が、パリへ着いて、初めてダミアを聞いた時のことは、忘れられない。

ダミアの出ている〈ブッフドュノルド劇場〉は、盛り場をはずれた、サントシャペルという地下鉄の駅前にあった。

薄暗い電燈の下に、「ダミア」と看板の出ている、小さい入口の辺りには、人影もなく、切符売場には、背の高い老人が一人、ぽつんと坐っていて、何しに来た、というような顔がつっけんどんに切符を渡した。

場内は、六、七百人収容できそうな、可成りよく出来た小屋だったが、その日は、僅かに五十人足らずの人が、寒そうに背をうずめて坐っていた。

「トントン」開幕を報らせる太鼓が鳴った。パリでは、シャンソンの会でも、お芝居でも、日本で拍子木を叩くように太鼓を叩く。私は、その予期しない音にも、何か新鮮なコーフンを感じたものだった。

ショウは、一部と二部に別れていて、一部はダミアの出ないオペレッタだった。田舎芝居のようなお粗末なもので、うす汚れ汗じみた衣裳からも、三流の芸人からも、ひしひしと、わびしさが流れてくるようだった。それに、人気《ひとけ》のない客席。私は、何だか悲しくなってしまった。

そして、二部が始まった。二部は、ダミアの独唱会になっていた。

ダミアが、黒いドレスに朱色の大きなショールをかけて、はなやかにさっと舞台に現れた時、この劇場は、今までのわびしさをかなぐりすて、立派な一流の舞台が私の目の前にあった。ああ、その声、私は何度その声をレコードで聞いたことだったろう。しわがれた低い声、彼女は歌った。

　　想い出
　或日私たちを結びつけたすばらしい恋の
　消すことのできない想い出
　それを私は抱く痛手をうけたままに……
　想い出　永遠に続いておくれ束の間の夢
　想い出　も一度帰っておくれ美しいあの日に
　或る日あなたが私の夢をこわしてしまった
　でも人がうそをついて私をおきざりにして行くなんて私には考えられない
　想い出　それは過ぎた日を再び見出すことだ……

　彼女は、泣いていた、うったえていた。そして、歌っていた。全身で。そして、私は全身で、その歌をうけとめていた。私は憑かれた人のようだった。
　以来、およそ一カ月というものは、ダミアのショウが続いている間、私は、この劇場に通いつめた。毎日、夜になると、どうしても、行かずにはいられなかった。私を乗せたタクシーの運転手は、「ダミアを聞きにゆく？　もうダミアは終りだよ」と云った。戦争中ドイツ人のために歌いすぎて、ボイコットされているうちに人気がおちた、という人もあった。そのうちに、一番安い切符を買っても、入口のおじさんが、私を一番良い席に案内してくれるほど、顔見知りになった。

「ダミアに会いたいの？」或夜、そのおじさんがいった。

「ええ」

私は、目を輝かせた。言葉のよく出来なかった私は、フランス語のうまいとみ子に、手紙を書いてもらった。

「あなたのシャンソンを聞けただけでも、私は、パリに来た甲斐があると幸福に思っております」

千秋楽の夜、私はその手紙を持って、切符売りのおじさんの後から、おずおずと楽屋に行った。

ダミア。私の永いこと憧がれていた人を目の前にして、私はただ「マダム」といいながら、手紙を渡しただけだった。

ダミアは、私の両頰にきつくきつくキッスをして、ベラベラと早口で、立てつづけに話しかけた。私は、何にも答えられなかった。でも、ダミアが喜んでくれたことだけは分った。そして、私は幸福な気持だった。

それ以来、ダミアが日本へ行くことにきまって、私に手紙をくれるまで、私は、彼女に会うことも、舞台をみる機会もなく過ぎた。

「あなたの住所を、ずっと探していましたが、今日、あなたのマネージャーに会い、やっと分ったので、お便りします。今度、日本へ行くことになりましたので、是非お会いしたく、おいでをお待ちします。ダミア」

私は、翌日、〈トロカデロ〉に近い、高級住宅地にある、豪華な彼女のアパートを訪れた。

女中さんに、案内された二間つづきの広間には、大きなグランド・ピアノがあり、家具も、贅沢な落着いた感じのもので、前の劇場での、わびしい印象しかもたなかった私は、シャンソンの女王ダミアが、矢張りその名に相応しい生活をしていることを知って、嬉しかった。

ダミアは、黒い繻子《シュス》のズボンに、黒地に白い花模様が支那風の刺繍のしてある部屋着を着て、入って来た。

「どんな曲が、日本じゃうけるかしら？　日本の劇場って、どんな？　照明は？　マイクロフォンは？」

彼女は、出発を前にして、浮々とはしゃいでいた。私もその頃は、フランス語を話せるようになっていたから、はじめて話をする人なのに、まるで前からの知人のように、長いことおしゃべりをした。

「その後、あなたの歌が聞きたかったけれど、パリではお仕事なさらなかったのね？」

私の問いに、彼女はちょっと暗い顔をした。

「もう、パリはだめ。寄席は少なくなったし、お金のはらいは悪いし、私、ずっと、ベルギーやスイスで歌っていたの。テレヴィが始まって以来、劇場の仕事は少なくなったようね……」

見廻した家具も、かつてダミアが全盛の時に買ったものなのだろう。立派なものだったけれど、何年かつかったことが一目で分るものだった。黒塗りのうるしは、少しはげていたし、大きなアルムワールにも、ところどころキズがついていた。壁に所せましと並んだ彼女の肖像画も、みんな彼女の若い時のものだった。彼女は、豪勢な広い家の中に、ポツンと一人、淋しく住んでいるようだった。

次に会ったのは、〈アルハンブラ劇場〉の舞台裏だった。その日、その公開録音の、テレヴィの音楽会に、ダミアも出ることを、私は、うっかりして知らないでいた。

私は、ムルジも、そのプログラムで歌うことも知らないでいた。

だから、私が歌い終って、舞台の袖へひっこんだところに、ムルジが立っているのを見た時は、私は、はっとして足をすくめた。

「ここで、聞いてたんですよ」その人は、いつもの静かな調子でいった。

私は、彼のいつも哀しそうな目に、私自身がひかれているんだな……と、心で思った。

「『お前がほほえむとき』のレコードを、いつも聞いてます」

舞台を終ったばかりのためか、私の胸は、ドキンドキンと音を立てていた。

「一緒に働いていた、ナイトクラブに今出てるんですよ、一度来て下さい」

彼は、握手のために出した私の手を、ずっとにぎっていた。

私たちは、芸人やその取り巻きたちが、うろうろと歩き廻っている舞台裏に立っていた。私には、誰も見えなかった。その時、勢いよく私の肩を叩いた人、それがダミアだった。

イヴニングの上に、上っぱりがわりにユカタを着た彼女は、あでやかに笑っていた。

「一週間前に、帰って来たのよ」

彼女は、立てつづけに、如何に日本はすばらしかったか、日本人がどんなに、シャンソンを理解したか、日本人が何んと彼女のことを歓迎したかを、大声で話し出した。横を通ったラジオのディレクターまで話の中へひきこんで、彼女は、日本のことを語りつづける。

舞台では、ムルジの唄が始まった。彼の歌う『小さなひなげしの花のように』に、私は気をとられていた。

「私、あなたに一ぱい話があるの。一度、食事をしましょう。モンマルトルの丘の上に、私の友人がレストランをひらいてるわ。ね、明日はどう?」

私は承諾して、別れをつげた。舞台を終って、沢山の人に取りまかれているムルジに、私は、そっと、目で「サヨナラ」をして、舞台裏の重い扉《ドア》を押した。

モンマルトルの丘。それは、モンマルトルとよばれる九区のあたりから、だらだらと上り坂になる、サクレクール寺院のそびえる小高い山をよぶ。パリの街を見おろしている、大きい白い建物のこの寺院の横には、ユトリロの絵で有名なテルトル広場があり、その界隈には、小さい土産物屋や、絵を売る店や、レストランが軒をつらねていた。テルトル広場から、だらだら坂をおりて、ピガールやクリッシー広場に出るまでの区域は、いわゆる〝パリの裏街〟といわれる、代表的なモンマルトルの裏街がつづいていた。住んでいる人たちは、例外もなくゆたかではなく、通りで石ケリをしていて、遊んでいる子供たちも、粗末な服を着て、青白い顔をしていた。

私は時々、ひとりで、この辺りを散歩した。石畳を踏んで行くと、あたりの家の壁は、すすけた灰色で、破れた広告の紙が、ハタハタと風にあおられていた。家々の軒は、押しひしがれたように低く、とじられた雨戸には、さびついた釘がとび出ていた。だらだら坂の中途には、家の軒をはさんで、鉄のてすりをつけた石段が長くつづいて、その先は青空につながって見える。ガス燈が、のら猫が、黒い靴下をはいてのろのろと歩いている老婆が、赤らがおの労働者が、まるで舞台装置のようにちらばっている、モンマルトルの裏街――。

ぼくは倖《しあわ》せをさがしているのだよ
黒猫の近くにね
月の光にね
モンマルトルにね
夕方になると
僕は倖せをさがして歩くんだよ
黒猫の近くにね
月の光にね　モンマルトルにね

この歌も、モンマルトルに住み、モンマルトルだけで歌って、一生を終えた天才、ブリュアンの歌だった。
モンマルトル、そこには特殊な雰囲気があった。モンマルトルでなくてはない空気があった。ブリュアンは、その空気が、なくては生きてゆけない人だったのだろう。モンマルトル以外の土地で歌いたがらなかった、と聞く。

「家へもどって来たような気持だわ」

私とダミアが、タクシーでこのモンマルトルの丘を上り、テルトル広場からちょっと横に入った、小さい〈マミ〉というレストランについた時、彼女は、頬をほころばせた。

せまいレストランは、人いきれとおいしそうな匂いで、むっと温かった。

「マリーズ（ダミアの名前）よく来たね」でっぷり太ったはげ頭の主人も、亜麻色の髪をした人の良さそうなマダムも、チュッチュッと音をたてて、頬にキッスをし合っていた。私たちは食べて、飲んで、高声で話しをした。

「私、モンマルトルに長いことといたわ、ここは、私たちの故郷だわ」

私は、何かの解説のように、ダミアの生い立ちも、彼女の若い頃の苦労も知らないし、別に聞いたこともなかった。ダミアの過去で知ってることは、「初めて人前で歌った時、劇場のディレクターは、あなたのような、男の声をした女はいらない」といったということだけだ。

そのレストランで、ダミアは、楽しそうだった。

ハゲの主人が、アコーディオンを持ち出してくると、人々は口々に、「『ラ・バスティーユ』を歌おうよ」「ニィニィ　ポ　シアン（娼婦ニィニィ）がよいな」などとブリュアンの歌を演奏するようにせがんだ。

今夜もあそこに立ってるよ　あの娘は

ハゲの主人が歌い出すと、皆なコーラスで、

それは誰れ？

と歌う。

それは娼婦ニィニィさ

何処で？

バスティーユの広場でよ

私は、楽屋入りの時間を気にして、立ち上がる。

「残念ね、もう行かなくちゃならないなんて」

ダミアが立ち上がったら、主人が、皆んなによびかけた。

「世紀の生んだ偉大なる歌手、ダミアのために乾杯！」

人々は立ち上がった。私も誇らしげに彼女を見た。お客たちが一せいに拍手を送る中

を、彼女は幸福そうに、ドアに向って歩いて行った。

モンマルトル、そこは懐しい所だ。

モンマルトロワ（モンマルトル人）、彼等は、お高い人たちが、ちょっとばかにしていう、その言葉を、ほこらしげに使った。

ここでは、買物に入った店で出合った人々も、皆んな気やすく挨拶をかわす。

「ボンジュール　ムッシュ、メダム」

「オールヴワール、メダム、ムッシュ」と。

そして、私の家はパリの九区、モンマルトルにあった。

夕方になると、私は街に買出しに出る。アパートを出る時、「マダム」と、門番のませた小娘が、挨拶をする。彼女は、膝小僧のむき出しになった、つぎはぎだらけの服の上に、エプロンをかけて、遊び相手もなく一人で、薄暗くなって行く路地に立っている。

通りに出ると、大抵、誰れかしら、知っている芸人たちに出会った。彼等の大半は、このモンマルトルに住んでいた。芸人の女たちはお化粧をしていないから、皆んな一日でそれとわかる。夜、部厚くドーランを塗る商売だから、昼間は、肌を休ませるためもあるが、大体は、プライベイトな時間に、おめかしする気分が、無くなっているのだ。

夜更《よふか》しの青い顔に、ピンセットをした髪を隠すための、派手なスカーフを頭に巻き、裾のつまったズボンにセーター、これが制服みたいなものだった。勿論、街は芸人たちばかりではない。オフィス帰りの若い娘たち、上から下まで、黒一色のおばさんたち、ブラブラと子供をつれた中年の主婦、会社帰りの男、お使いを頼まれた子供まで、街にあふれ出て、パン屋や、肉屋の店から道にまで、その人たちの行列はつづいていた。

パン屋には、焼き立ての、指でソッと押すと、パチッと音のする棒パンや、色よく焼き上がった菓子パン、ブリオッシュ（カステラのようなもの）、三日月型にあげたクロワッサンなど、フランスにしかない、美味しいパンが並んでいる。

乾物では、いろいろな種類のチーズが並び、ミルク入れの錫《すず》のカンを持った人たちが、はかり売りをしてもらっている。

肉屋の威勢のいい、アンちゃんたちは「ヒレ肉二枚！」「ハイ、次は、コウシ五枚！」と、大声で帳場に向ってどなっている。

角の八百屋のアンちゃんは、買ものかごをさげた私をみると、愛想よく、「〈ナチュリスト〉はどう？　景気はよいかね」などとよびかけながら、「エーイ、これもおまけだ」と、威勢よく野菜のたばを、買物かごの中に、なげ入れたりしたし、行きつけの魚屋は、日本から来たお客様のために、あれもこれもと注文する私に、「魚屋をひらく気かね」とからかった。

どこの店にも、計算器などはない。算盤は勿論ないから、店の人たちは、チビた鉛筆をなめなめ、小さい紙切れに、のろのろと数字を書きつけて、算術を始める。だから、行列が通りにえんえんと溢れる。それに誰れ一人、文句をつける者もいない。人々は、暢気《のんき》なお喋りをしながら、ゆうゆうと自分の番が来るのを待っていた。

誰れが何んといっても、私は、モンマルトルが世界で一番、人間らしい人間のいる町だと思う。

ニースの一夜

年の暮になると、外国にいるという感じが一入《ひとしお》身に泌みる。周囲の人たちが何んとなく忙しそうにしているし、つい自分も追われるような気持になるのだけど、さて考えてみれば異国の空の下の一人住まいでは何も慌てることはない。日本を出てから三度目の年の暮を迎えた。〈ナチュリスト〉の舞台を二百数十日、一日も休まずつとめてきた私は、その頃、疲労困憊の極に達していた。

クリスマス・イヴも歌手として働き出してからのここ数年は、仕事の一番多い忙しい日になってしまった。

「可哀想なおばちゃま」

ユキの声を後に、私はアパートを出た。アパートの隣りの部屋からも賑やかな声が聞えていた。いつもより人通りの多い街。クリッシー通りからピガール広場までの大通りは、それこそ足の踏み場もない雑踏ぶりで、車道まであふれ出した人々に自動車は立往生している。ブーブーとやたらと警笛を鳴らしていた。

〈ナチュリスト〉に着くと、階段のところで、マダム・ブロムが待っていた。「おめでとう」と云いながら、すばらしい香水を渡してくれた。私は「ジョワイヨー・ノェル

（クリスマスお目出とう）」といって、両頰に大きな音を立てキッスをした。楽屋の入口でジョイアナが「クリスマスだっていうのにさ、この家ときたら贈物《プレゼント》一つくれないのよ。それで、いつもよりよけい働かせようというんだからあいそがつきるわ」こういっている声に、私はあわてて香水を箱にかくした。

クリスマス・イヴには、もしかしたら、一回多く、朝の五時頃まで仕事をさせられるという噂がしばらく前からたっていて、私たちはこの四、五日神経をとがらせていた。よるとさわると、

「クリスマス・イヴは、どうなるのかしらね」

「あたし、仕事の後で、約束があるんだわ」

など口々にいいあっていたが、昨夜の掲示板に噂通り一部ふえて五時まで行うということが出ていたから、誰れも機嫌が悪かった。一部ふえるということは、カルメンやジョイアナにすれば一場ふえるだけですむが、私は四回もよけいに歌わせられるわけで、さすがにマダム・ブロムも同情して香水をくれたのだろう。

第一部が終った後で、リュシエンヌに誘われてアベス広場の教会に行くと、ちょうどパイプオルガンの伴奏で合唱がはじまったところだった。おくれた人たちがぞろぞろと十字を切りながら入ってきて、広い教会もいっぱいである。ローソクの灯がゆらいでいる。パイプオルガンの音は教会中に、荘厳な雰囲気を満たしていた。私はカトリックの

信者ではないけれど、あたりの荘厳な雰囲気に包まれると、何かけいけんな気持になり、リュシェンヌと並んで頭をさげていた。

ピガール広場には臨時の遊び場もいっぱい出ている。〈ナチュリスト〉もクリスマス・トリーを立てたり、照明係が舞台に雪の降っているように見せるライティングをしたりして、クリスマス気分を出していた。

第二部の休憩には、踊り子たちの楽屋に招《よ》ばれて、にわとりとブドー酒のご馳走になった。踊り子たちはみんなはしゃいでいて、とても楽しそうだ。私たち四人の楽屋はそれにくらべて、何んと不平に満ちて陰鬱なのだろうか。

ジョイアナはイタリアのクリスマスからみたら、ここのクリスマスなんてまるで牢屋に入っているみたいだ、と始終こぼしている。カルメンはカルメンで一部ふえるということで、「ミエルダ」「ミエルダ」とどなりつづけている。

朝の五時にやっと舞台が終った。へとへとに疲れきっていたが、クリスマス・イヴにはアルティスト全員そろって、夜食に行く約束がしてあったので、おつきあいで近所のレストランへ行った。毎晩見あきている仲間同士とカキと七面鳥を食べてみても、ことさらにクリスマス・イヴの感激はなかった。食べ終ると、私はそうそうにみんなと別れて帰った。

クリスマスの日には、部屋に一人でいるユキが可哀そうになって、久しぶりに陽が当っているのにさそわれて、昨夜見てきたピガール広場の遊び場に行くことにした。射的、ボール投げ、手相見、メリーゴーランドなどが、車道にそってクリッシー広場の方まで並んでいる。

ユキにはデンキ飴と風船を買ってやり、私は弓をちょっと引いてみた。子供の頃、弟が弓をひいていたから私も時々やって下手じゃなかったはずだが、すっかり忘れてしまっている。矢がみんな地面に落ちてしまって的までとどかない。異邦人らしい女のそんな恰好が面白いのか人だかりがするので、ユキは恥ずかしがって「おばちゃま」と私を引っぱるのだった。ユキのご機嫌をなおすためにメリーゴーランドに乗せる。ブルーダニューブや数々の古いメロディーにのってそれが廻る。世界中どこの国でも、こういうメロディーが子供たちの夢をのせているのだ。

ユキは白馬にまたがりながら一廻りして私のそばまでくると、ニコリと笑って手をふった。私は冷い風の吹いて来る道の真中に他のお父さんお母さんにまじって、メリーゴーランドのなつかしいメロディーを聞いていた。

夜になって、思いがけないプレゼントが届けられた。NHKの宮川さんからの電話で、一月末のニースのシャンソン大会に出てみないかということ。仕事が休めないから一応断りかけたが、途中で急に考え直した。他の人たちは結構、理由をつけて休んでいる。私だけは八カ月間風邪で頭が痛い時でも働いてきたことを思うと、とたんに「出ますわ」と承諾してしまった。

ニースという開催地の名前だけでも、私は何か気持が明るくなった。

南仏で行われるシャンソン大会、この大会はニース市とラジオ・フランスの主催で、各国から代表歌手が出演するという話だった。フランス代表は、ジョセフィン・ベーカー、ティノ・ロッシ、モーリス・シュヴァリエ。アメリカからはダニイ・ケイが来るという。そんな一流の人ばかりが出る会で歌えるのだと思うと、久し振りで闘志も湧いて来た。

私は、翌日から大会で歌う曲目のことばかり考えた。作詩作曲家のアンドレ・グラシーの家に行き、新しい曲も貰って来た。『葦《あし》の精《せい》』という美しく優しいお伽話のシャンソンだった。

私は一つの物語りを知っている、一つの美しいお伽話を
私が小さかった時　背丈もこんなに小さかった頃聞いたお話を
ね、きいて下さい
それはまだ妖精が空をとんでいる頃のことだった
青い水の中はすばらしい魚で一ぱいだった
そこには葦の精や鳥も住んでいた

妖精がそこを通る時　鳥はしばし鳴くのをやめた
それは本当に美しかった　魚は　それを見るために水の上にとびはねた
そして小さい花は　心をその香にのせてすみきった朝の空に花ひらいた
でも　或日　強い風が吹いて
小さい小さい小鳥は水の中におちてしまった
葦の精は水にかがみこんでその小鳥を助けようとしたのに
小鳥はとうとうおちて溺れてしまった
それはずっとずっと昔のことでした
でもその時から葦は頭を水に向けて
淋しくひとりうつむいているのです

結局、この『葦の精』と『さくらさくら』、それにアメリカのセミクラシック『あなただけ』を歌うことにした。オーケストラは、三十人以上の大編成で、プングとトマジイの二大指揮者が棒を振るのだ。とにかく一生懸命やってみよう。

毎晩同じ歌を同じ姿勢で歌い続けていると、身も心も機械になってしまう。私はパリに来ているのに、勉強の心をうしなってしまったようだ。二百数十日、毎夜只舞台に出て同じ歌を歌っていた私は、日本から遠く離れてまだ機械的に仕事をしているにすぎない、この頃だった。だからそんな私に、このニースの大会のことは何か一つの光明のようだった。

〈ナチュリスト〉がはじまってからの半年は、それでもフランス語の学校に入ってみたり、歌のレッスンに通ったり、今までかなえられなかった希《のぞ》みに向って、何んとか自分を満足させることが出来るほど勉強もしてみたけれど、もうこの頃は学校にもレッスンにも行かなかった。疲れがしみじみと身体中にゆき渡った感じで、夢みがちのねむりからさめると、肩はいたく、足はだるかった。年が明けてから零下十八度というパリには何十年ぶりかの寒い日がつづいた。それで、私もお正月早々風邪をひいてしまった。

　風邪をひいても、私はニースへゆくために、そのうち〈ナチュリスト〉を休まなくてはならないという気持があるので、何か申しわけない気持で、少しくらい熱があっても休むことが出来なかった。

　私は楽屋でも、あまり物をいわなかった。風邪薬ののみすぎで、ぼーっとして机につぶして、時間になると機械的に衣裳をつけて、調子の悪い声で歌って毎夜を過していた。風邪といっても、私は鼻が悪いので、ひどい頭痛になやまされていた。ガンガンとわれそうな頭痛で、私は咳をするにも頭をかかえてしなくてはたえられなかった。

「ね、休みなさい、電話して上げるから」とみ子は心配したけど、一日くらい休んだって急によくなるわけでもないだろうし、一日休んだら、もうその後はばてててしまいそうな気がして、夜になると、出かけて行った。

この頭痛は、しつっこく私を苦しめた。アスピリンを六錠くらいのんでも、全然痛みは去らなかった。

シャンソン大会のことを言い出しかねているうちに、ある日楽屋で皆なが私の噂をしている。昼間のラジオでニースの大会の出場者の名を発表したという。「ムッシュ・ブロムも聞いてるから云わなくちゃ、だめよ。あなたのこと一番信用してるんだし、知られる前に云い出した方がよいわよ」イヴォンヌの忠告に、覚悟をきめてブロムに頼みに行った。初め、なかなか承知しない様子だったが、遂に横を向きながら小さな声で、「でも、ヨシコは今、風邪をひいている。病気で休むのは致し方のないことだ」と云った。彼の好意が身にしみた。

二十五日の夜、舞台が終ると、私は誰れにも会わないようにしてとんで帰った。彼は一日しか休暇をくれなかったけれど、オーケストラ合わせのためには二日は休まなければならないから、会うことはまずかった。その日は夜明けまでかかって荷造りをした。譜面は入れた。衣裳も化粧道具も入れた。それは修学旅行の前の眠れない興奮に似ていた。パリの寒さに閉口して、とみ子も一足さきにニースに行っていた。二十六日の朝もまた、氷りつくような寒さだった。

飛行場は空も灰色で風は身をきるように冷たかったが、私はあと二時間すれば南国の暖かい光の中に立てるのだ、と嬉しくてニコニコした。気流の関係か、普通二時間くらいのはずなのに倍近くもかかってニースの飛行場について一歩降り立った時、私はとたんにガッカリした。パリと大して変らない寒さだったから……私のトランクの中に入れて来た日光浴用の海水着なんてどうするんだろう。ラジオ・モンテカルロの人が迎えに来ていて、指定のホテルまで送ってくれる。

ホテルでは、先に来ていたとみ子が遅れてついた私を心配顔で待っていた。シャンソン大会の切符の売行きもよく、この音楽会は十四カ国で放送されることになっているとのこと。日本代表ということになったのかと改めて考えかけたが、そんなことよりも、今夜は、九カ月ぶりに歌わなくてもいい夜だと気がついたら、嬉しくてうれしくてたまらなくなった。久しぶりにおめかしをして、とみ子と連れ立って海岸通りのレストランに夕食に出かけた。やはりパリより暖い。波の音がかすかに聞えて、両岸の灯が宝石をちりばめたようにチカチカと光っている。こんな静かな、倖せな気持って何年ぶりだろう、と思う。

「あなたの嬉しそうな顔！」と、とみ子が笑ったけれど、私はだらしがないほどニコニコしていた。海を眺めながらの食事にも、お客の余り混んでいないレストランの雰囲気にも、静かに聞えてくるレコードの声にも、心から満足していた。ゆっくりと食事を済ませてから、カジノ劇場に行ってみる。音楽祭の今夜が第一夜、私の出るのは第二夜。

シャンソン大会は五日間続くのだ。

今夜はコメディ・フランセーズのジャン・シュヴァリエの朗読、〈カジノ・ド・パリ〉のスターだったリンダ・グロリアの歌だった。

明日立つ舞台だと思うと落着かなくてロクに聞きもせず、私は直《すぐ》に舞台裏に行って明日の打合わせをして、早々にホテルへ帰った。

さて、今夜は早くねられる。それなのに、私はすっかり目がさえてしまった。眠り薬を飲んだがどうしても寝つかれない。夜中に働く癖がついているからか、明方になってやっとウトウトとした。何んだか夢を二つか三つ見たと思ったら、発声練習の声がして眼が覚めた。九時半だった。

音楽会に出る人は皆な、同じホテルに泊っているので、今夜出る人が声馴らしを始めたらしい。私もおちおちしてはいられない気持になって、ベッドの上に起きあがって暫く発声練習をする。声を出しても落着きはしない。睡眠不足だから、その調子もよくないし、昨夜眠れなかったことが取返しのつかない悔いとなって心が暗かった。

早い朝食の後、とみ子のホテルまで歩いて行く。海岸通りに出ると、柔かい日ざしの中で、鷗が沢山飛んでいた。老人たちは海ぎわのベンチに並んで、日向ボッコをしている。私は立止って、深呼吸をした。

海の匂いが美味しかった。それは本当に新鮮だった。プラスピガールのあの楽屋や舞台の汚れた空気を吐き出して、この海の空気をすいだめしようと何度も何度も深呼吸をしたら、頭の痛いのも、ふと忘れている自分に気がついた。

午後三時、カジノに練習に行く。ラジオ・フランスのジャック・シャルルがもう来ていた。相変らず苦虫をかみつぶしたような顔をしている。もとミスタンゲットのマネージャーをしていたこの人は、気むずかしいコワイ感じの人だ。今夜のスターは、ジョセフィン・ベーカーと、アメリカで成功したジャン・サブロン。そのサブロンの練習が今済んだところらしい。

客席には、十四、五人のラジオ関係の人たちが坐っていた。少しかたくなって歌った。オーケストラはよくついて来たけど、声の調子はあまり良くなかった。

私は練習の時、いつもゆううつになる。私は本番の方が、よく出来るたちだった。そのことは、心臓が強いということでもあっただろうし、私がなまけものの性質をもっていることでもあるのだろう。

終ったら、客席にいたサブロンが馳けつけて来て、拍手しながら「ヨシコサン、イチバン」と、いった。

私は声の調子が出なくていやな気持でいた時だから、おせじにしてもほめられたことが嬉しかった。彼とは一度、アルハンブラ劇場の楽屋で一緒だったことがあるのだ。

「日本語知ってるの?」と聞いたら、

「今日、会うと思って教わっといたのさ」

と、笑った歯が美しかった。そうだ、この人はアルハンブラの楽屋で、歌う前に歯をみがき出して、私を驚かしたことがあった。

海の空気のおかげとサブロンのお世辞で、私も調子がよくなったような気がした。夜の時間まで、私はホテルに戻って熱いスープとオムレツを食べ、ベッドの中で今夜うたう歌を繰返し小声で歌った。歌っている時は何も考えない。その時だけが、私の心にわずかな落着きをあたえてくれるような、不安な時間がすぎた。そして、とうとう時間が来た。

八時半、楽屋入り。九時に幕があがった。オーケストラの演奏が始まった。

急に、私はどうにもこうにも、いいようなく厭な気持になってきた。何故、私は歌手なんかになったのだろう。何故、この音楽会に出るなんて返事をして、ここまで来てしまったのだろう。

引受けさえしなければ、今頃は〈ナチュリスト〉の舞台で人に迷惑をかけることもなく、のんびりと平静な気持で歌いなれた歌をうたっていられたのに……もう遅いんだ。逃げることも出来ないんだ。いてもたってもいられない気持。そして、出番になった。

私は、白い着物の上に、母が送ってくれたうちかけを着ていた。皆なが綺麗だと賞めてくれるが、私はただ笑い通すだけが精一杯だった。私は、足が地につかぬような気持で、ふるえないように歯を食いしばりたい気持で、何かささえるものがほしくて、思わず大きなドンチョウのはしにつかまっていた。

「お客なんか、ジャガイモが転ってると思いなさい」と、こわい顔に愛想笑いを浮かべて慰めてくれるジャック・シャルルの言葉も、私の耳には入らなかった。

ただもう、舞台に出て行くことがいやだった。何もかも持っているもの全部を払っても、止めさせてくれるものなら止めたかった。そして、とうとう出番になった。

作り笑いをして立った舞台なのに、一曲歌ってしまったら割に静かな心境になれた。

二曲目のアンドレ・グラシーの歌。

その時以来、葦は頭を水に向けて、
淋しく、ひとり、うつむいている

この前後の節が終ると、ブラボー、ブラボーと掛声と拍手が湧いた。

三曲目の『あなただけ』は、うたい終らない中から割れるような拍手がおきた。私はおじぎをしながら、小さな声で、「メルシイ、メルシイ、メルシイボォクー」と呟いていた。あー、済んだ、無事に済んだ。

私の思ったのは、それだけだった。そして、思わず涙ぐんでいた。

気むずかし屋のジャック・シャルルが飛んで来て、息も止まる程きつく抱いて、「よかった、よかった」と、いってくれた。

私は、煙草が喫いたかった。そして、手にしたら指先がまだぶるぶると震えていた。私は幸福だった。有難いと思った。皆なに……。私を外国に出してくれた父母に、私に歌を教えてくれた先生方に、私に休暇をくれたムッシュ・ブロムに、私にこの仕事をくれた放送局の方に、私のために曲をくれたグラシーに……。それは特定の人に対してでなく、皆なにだった。

新聞社の人たちが、わいわい集って来て、私と、ジョセフィン・ベーカーの写真や、ジャン・サブロンが私の手にキッスをしている所などを写した。ジョセフィン・ベーカーとは、サンフランシスコで会って以来だった。もう相当な年だろうに、キレイにお化粧をして、若々しい。それにこの人は、わけへだてのない親しさで人々に好感をあたえる人だ。着替えを済まして外に出ようとしたら、ジャン・サブロンがコクテル（夜会）に誘ってくれた。行ってみたい気持もあったのに何となく「今夜は帰ります」と断ってしまった。コクテルには、各国のマネージャーや劇場のディレクターが来ている筈だし、歌手をしている以上は、そんな所に顔を出さなくてはいけないことくらいは百も承知しているのに、私は、もう三年以上も外国にいる癖に「いえ、またに致しますわ」「まあ、そんなことおっしゃらずに、どうぞぜひ……」などという、極めて日本語的な風習から脱けきらないでいるらしい。

好意で誘ってくれたジャン・サブロンもびっくりしたような顔をしていたが、それ以上はさそわず、女たちとにぎやかな笑い声を立てながら出て行った。クラーク・ゲイブルをやさ型にしたような美男子なので、彼の楽屋には中年の婦人が数人押しかけていた……。

私は、とみ子と二人で、海の見渡せるキャフェに入って夜食をした。「貴女がうたったら、周りの人が〝よかった〟〝うまいな〟などといって私の方を見るので、鼻が高かったわ」と、賞めてくれる言葉を聞きながら、私は重荷がおりたら途端に疲れが出たのか、ぼんやりしていた。何か一つの責任を果たしたあとの安心感と空虚さが私を包んでいた。

「さあ寝溜めよ」と、早くベッドに入ったが、結局また夜明けまで眠れなかった。あくる日は、朝から快晴だった。

午後の飛行機でパリに帰るつもりだったが、如何にも南国らしい陽の光に心残りがしていた時、とみ子が
「貴女《あなた》、もう一日のばしたら？　帰ったらまた、どうせ四月の末まで休めないんでしょう。一日だけでもゆっくりしなさいよ」という。

そういわれたら、どうしても帰るのがいやになり、飛行機をのばしてしまった。郵便

局に行って「今夜帰れぬ」と電報を〈ナチュリスト〉にうつ。電文を作りながら、ちょっと気がとがめたが、今日は自由なんだ、ということで、その不安もふきとばしてしまう。

「せっかく此処まで来たんだから、モンテカルロに行きましょう」と、賭ごとが嫌いではない私のことを知っている、とみ子が提案する、私は「善（？）はいそげ」とばかりに、早速ハイヤーに乗りこんだ。ニースからモンテカルロまで自動車で大体二時間の距離だ。

途中、エーズという崖の上の小さな町で、昼食をした。ここは、とみ子が前に一度来て感激したところなので、寄り道をして訪れたのだが、高い崖の上の古い石だたみの小さい街。海が広く見渡せる。ゴロゴロとした石の街だ。古い古い石づくりの家が、中世の絵にあるようなたたずまいで建っている。静かな、美しい、夢のような一角だ。家の庭々には、サボテンやミモザの花が咲き乱れて浮かんでいるような感じだ。

同じフランスでもパリと、ここの、この違い方。私は〈ナチュリスト〉の契約が終ったら、一カ月くらい、ここに来てみようかと思った。

空気のためか、食事が実に美味しい。食後、レストランの主人に案内をして貰って貸アパートを見る。海の見渡せるテラスのついた一部屋のアパートが、台所もついていて、一カ月三万フランとのこと。来られる日があったら、きっと来よう。〈ナチュリスト〉

で疲れきっても、ここに来て深呼吸をしたら、汚れた空気がすっかりはき出されて、素直な気持になれるだろう。

エーズから約四十分で、モンテカルロに着く。カジノというと賭博場の代名詞みたいだが、そこにはオペラ劇場も、キャバレーも、豪華な食堂もある、堂々たる白亜の宮殿のような建物だ。カジノの入口は、小さな公園になっている。芝生があり、色とりどりの花が咲き、木かげのベンチでは、子供連れの女が編物に余念がない。とても上品な雰囲気。

入場者は、パスポートか、身分証明書を見せて入場券を買わなくてはならない。賭場にも、上、中、下と三段階あるらしいが、私は、一番入場料の安い二〇〇フランを払って、入口近くの大きなルーレット場に入った。賭けごとの嫌いなとみ子は、喫煙室で待っていると言う。

「あなたって、好きね」

彼女は、おかしそうに笑っていた。

場内は、規則正しい騒音に満ちていた。ガチャガチャと絶え間なく音をたてている、ポーカーチップの音。それにまじって、「もうかけられません、終りです」という声だけが、同じ調子でくりかえされ、人々は誰れ一人ものをいわなかった。たたみ二畳敷くらいのテーブルがあって、そこにルーレットの盤があり、その四方に、クルビエという黒いタキシードを着た男が四人、無表情に坐っている。このクルビエたちが球を廻し、お客がお金をかけるのを手伝い、当った人に、長い棒で実に手ぎわよくお金をかき集めて支払う。益田義信さん(画家)が、世界中で一番イキな商売といってたが、本当だ。皆んな色の浅黒い美男で、真白いカラーをつけて、無表情で、器用な手捌きが見事だった。

0から36までの数字の盤は、クルクルと廻る。球がいい音をしながら廻りつづける。やがて止まる瞬間、……「フーッ」と思わず溜息が出る。この球が廻っている間、当るかしら、当らないかなあと、期待に胸をおどらせている緊迫感、私はクスッと一人で笑う。こんなに緊張している自分が、おかしくなって来る……。

私は、一〇〇フランを、10と11に賭けつづけた。「当った」ひとりでに飛び上がりそうになる。クルビエの棒が、サッサッサーとお金をよせ集めて、またたく間に私はお金持になる。もうちょっと儲けよう、少し気が大きくなって余計にはったりする。とにかく、一時は一万五千フラン以上も勝っていた。それが頂点で、だんだん手許《てもと》のお金が、少なくなって行く。

そして気がついたら、手許には一フランもなくなっていた。私は、ホッとためいきをついた。本当に皆んななくなったのか、未練らしくポケットをさぐってみたりした。そして、私は、一つの心をこめた仕事に失敗してしまったような果敢《はか》なさを感じて、興奮にまだ頬を紅潮させながら、とみ子の待っているサロンに行った。サロンは賭場の雰囲気とはまるで違っていた。静かに本を読んで待っていた、とみ子の後の窓からは、夕暮の海が灰色に見えた。

「いくら、負けたの？」

「四千フラン。一時は、一万五千フランくらいもうけてたんだけど」

「その時、やめりゃ、よいのに」

「それが、やめられないのよ」

「でも、四千フランで一時間、楽しく遊べたんだから、それでもいいでしょ」

外に出たら、陽のかげった公園の辺りには、うすら寒い風が吹き始めていた。私は、ガックリと疲れていた。そして今日は、楽しい一日だったと思いながらも、ずる休みをしたことが気になり初め、〈ナチュリスト〉の舞台が、思い出されていた。

夜は、音楽会の第三夜を聞きに行った。

自分の番が済んでいるので、気楽だった。ティノ・ロッシの夜だった。舞台の彼の歌いぶりは、正直なところ、余り魅力を感じさせない。この人はレコードの歌手だと思う。中途で出て、ホテルに帰った。

今夜こそ、早く眠ろうとするが、また眠れない。エーズの石だたみの街や、カジノのルーレットや、楽しかった今日一日のことを考えると、また明日からの舞台が、永遠に続くような気がしたりして、窓の外が明るくなる頃まで、うつらうつらした程度だったが、今日も快晴らしいと思ったら、寝ているのが勿体なくなる。私は、ニースに寝不足をしに来たみたいだと思いながら、早く起きてしまった。飛行機の時間は午前十一時なので、その前に一人で、馬車に乗ってみた。

風は割に冷たかったが、陽は当っているし、馬のひづめの音をききながら、緑の山とかもめの飛びかう碧い海を眺め、思いきりすがすがしい朝の空気を吸いこむと、眠気もさめ、しみじみと幸福だった。

この美味しい空気の味！　ニースにきて、本当によかった。眠れると思って来て、かえって眠れなかったけれど、〈ナチュリスト〉の舞台のことも忘れて、私は若返ってハミングしていた。

パリジェンヌの素顔

ニースから帰って、〈ナチュリスト〉に出た晩は、皆んなにやっつけられた。皆んな病気と称して私より多く休んでいたけれど、私のようにはっきりと、音楽会のために休み、その場所がまた、南仏のニースだったということで、皆んなも、ちょっとひがんでいたし、からかいやすかったのだろう。

「アーラ、ヨシコったら、南仏のアクセントになったわよ」

「いやに、ニコニコしてるけど、南仏で、恋人を作って来たんじゃない」

「ヨシコ、もう歌を忘れちゃったんじゃない?」などと、私は、当分の間は、いわれなくてはならなかった。私は、皆んなのじょうだん半分のからかいには、反対にいい返したりしていたが、ムッシュ・ブロムのむっとした顔をみると、ゆううつになった。

ムッシュも、マダム・ブロムも、一日も休まず忠勤をはげんだ、ごひいきの私が、一日の休みを与えたら、三日も帰って来なかったことで、いたく感情をきずつけられていたらしい。

そんな時に、丁度、なかなか手に入らない、クリスチャン・ディオールのコレクション(ファッション・ショー)の切符を、とみ子がもらって来てくれたので、私は、ご機嫌とりに、マダム・ブロムを、ショーにさそった。とみ子は、最近、ディオールの著書『私は流行をつくる』という本を訳したりして、ディオールの店では顔だった。

日本でも、ファッション・ショーをした、クリスチャン・ディオールは、一洋服店の主人に過ぎないとはいえ、現在では、むしろ服装美術の一大芸術家として、世界のモード界に君臨しているというか、とも角、パリでも大した存在だった。

パリには、数々の高級洋装店があり、春に先がけて、各店で連日、ファッション・ショーが行われる。

ジャック・ファット、ジャック・ハイム、マギー・ルフ、ピエール・バルマンなど、世界的に有名な人たちも多いが、ディオールの名は、一人飛び抜けた存在のようだ。彼の、シンプルで、それでいて洗練された趣味と、色と女性の美とに対する鋭い感覚は、本当にフランスのもので、群をぬいたディザイナーであろう。

ジャック・ファットなど、靴下に桃色だの、グリーンだの、ブルーだのをあしらったり、ハートの形を入れたり、奇妙なことをやるが、同じ奇抜でもディオールのは、「計算された新しい型の洋服」だと、とみ子は云った。どうかすると、デザイナーというものは、人目を驚かそうとして、ショーにのぞんで奇抜な趣味を競うあまり、実用という点からほど遠くなるばかりでなく、美しさというよりも、ただのナンセンスに陥る傾向もあるのに、ディオールだけは、名声にたがわず、如何にも、なる程と思わせる趣向を見せるのだろう。

ディオールの店は、モンテーニュ通り三十番地。シャンゼリゼ通りを曲って、高級ホテルや、高級商店のある、並木通りの静かな所にある白塗りの三階建。制服のボーイが、お行儀よく立っていて、サッと、ドアを開ける。店内に入ると途端に、香水の匂いがむっと鼻をつく。階下の売場は、広いスペースを贅沢に使って、洋服でも、附属品でも、大売り出しのように、ごてごてと並べたてたりせず、それぞれの商品がぽつんと浮き出るように、うまく按配されていた。

コレクションは、二階の広間でやっていた。三部屋をぶち抜き、長椅子に列らんだお客様たちは、上品な社交辞令を交わしている。若い人は殆んど来ていない。こってりと、着飾った中年以上の婦人が大部分で、それに、白髪や、ハゲ頭の男性が、泰然と混っているのが見える。

私は、その中にリーヌの顔を見つけた。豪華な衣裳をきて宝石を一ぱいつけ、こってりとお化粧をした彼女は、別人のようだった。彼女は〈シェヘラザード〉で、私と一緒に出ていた若い歌手だった。彼女は、いかにも小イキなパリジェンヌだった。

「あの子はね、美しくもないけど、男の興味をそそるんだな。女中に手を出したくなる男の心理にぴったりくるよ」

ラジオのプロデューサーのNが、或る日、彼女をこう批評していたけれど、彼女は、たしかに美しくはないけれど、男にもてるタイプだった。声は低くて渋く、キャバレーむきシャンソンにはぴったりだった。彼女に夢中になって来ている、ひどくみにくいエジプトの財閥がいた。背は五尺たらず、二十貫くらいのデブで、脂っこくギラギラ光って、茶色のガマガエルのような男だ。彼は、毎晩、一番前のテーブルにその猫背をかがめながら坐って、リーヌの姿を執拗な目で追っていた。

「あんな男、見ると吐きそうよ。ああ、今ダンスして来たの、手洗わなくちゃ」

彼女は、楽屋に入るなり、大げさにゴシゴシ石鹼のアワをとばしながら、手を洗っていた。

「でもね、あの人これくれたわ」

見ると、大きなサファイヤの指輪、廻りには小粒のダイヤがちりばめてある。

「そんなもの貰って大丈夫なの。あなたにその気がないなら、返した方がよいわよ」

私の忠告に、リーヌは、無邪気と思えるような笑い声を立てながら、

「いいわよ。くれたものは、私もらうの。そしてほしがってるものは、やらないのよ」

一カ月の契約が切れて、私たちは別れ別れに、他の仕事について、その後は、会うこともなかった。私は、時々、ラジオでリーヌが歌っていた、『リーヌ』というシャンソンをきくと、彼女のことを思い出した。

リーヌ　優しい親切な娘　そしてとっても美しい
リーヌは男と遊ぶのが好きだけど　キッスを断るのもすきだ
でも　彼女をなびかすには　あせっちゃいけない
なぜって　リーヌは男にプロポーズされるのはすきなのだから
リーヌには　悪が必要だから
リーヌには　いつも男が「夜も昼もお前を愛しているよ」といってることが必要なのだ
他の女なら　快楽やお金や一時のおたのしみの方が好きだろうけれど
リーヌには　花をささげる人が好きで
心の中に　一つの歌を持ってることが　必要なのだ

この歌は、リーヌのために作られたような歌だった。彼女は、この歌を子供っぽく、しかも、コケティッシュな眼差しで歌ったものだった。

彼女は、私を見つけると、手をふってニヤッと、ちょっと照れて笑った。横には、例のガマガエルのエジプト人が坐っていた……。

コレクションが始まった。各部屋の入口に事務服を着て立っている女が、モデルが登場するごとに、一つ一つ洋服についた名前「夜のブワ・ド・ブローニュ」「南仏の空」

などと、はぎれのいい声で読み上げる。

モデル（これもマヌカンと呼ばれる）たちは、軽快な足取りで、だが顔は全くの無表情、それこそ眉一つ動かさず、部屋から部屋へと、歩く。スパンコールの、艶やかな刺繡をしたデコルテのイヴニングなどに、女たちがほっと溜息をもらす。

約二時間、ワンピースからスーツ、イヴニングと、次々に、目もさめるばかりに美しい服の数々を見せつけられて、私は、すっかり疲れてしまった。最後に、ウェディング・ドレスを着た若いマヌカンが登場して、コレクションは終りをつげた。

「私、あのスパンコールのついたイヴニングが気に入ったわ、値段をききましょう」マダム・ブロムと、値段を聞きに女事務員のところへ行ったら、何と「百六十万フラン」といわれ、お互に顔を見合わせ、「また来ますわ」と、月並みな断りのせりふをいい残して、私たちは出口へいそいだ。出口には、売子が二人いて『『ディオラマ』ですか？『ミス・ディオール』ですか？』ときき ながら、好みの香水を、勢いよくお客たちにふりかけてくれた。

「コレクションの洋服が買えるのは、アメリカや南米などのお金持だけよ」

マダム・ブロムは、残念そうにつぶやいた。帰りがけに、店の洋服かけをちょっと眺めたけれど、店に出ている洋服は、ずっと安かった。店の方は、ディオールの弟子たちのデザインによるものだそうだ。

夜、楽屋で「今日ディオールのコレクション見て来たわ」と報告したら、リュシェンヌがいきりたった。

「高級洋装店の流行の服なんて、ちっとも良くないわ。どうせ、着られないような奇妙なものか、着れるような型のものなら、モンマルトルで売ってるのと、ちっとも変らないのだから」

リュシェンヌは、特別にケチンボな人だったけど、一般に、中流から下のパリジェンヌ、つまりパリの女の大多数は、殆んどお金のかかる〝流行〟なんて追おうともしないようだ。

オペラ座の横にある〈パムパム〉という、アメリカ風のホット・ドッグやハンバーガーなどを手軽に食べさせるレストランへゆくと、若い女事務員、お針子、踊り子などが大勢いて、明るい雰囲気を出していたが、彼女たちは、殆んど、濃いお化粧はせず、生の美しさを生々《いきいき》とみせている。それぞれ、自分相応な実用着だが、どこかスマートに着こなして、髪の毛や、顔色との配合など、ちぐはぐな人は、まずまずいない。皆んなお金こそかけていないが、個性的な、美しさを出していた。

それに引きかえ、夕暮時など、シャンゼリゼやオペラの高級キャフェに坐っている、中年をすぎた婦人たちは、散りおちる大輪の花のように、あでやかに着飾り、お化粧も濃かった。中年すぎの美しい女たち、それは、パリでなくては見られない一つの特徴かもしれない。

　お金も持ち、ひまも出来た中年以上の女性たちは、これ以上美しくなれないほどに、お化粧にも服装にも気をつかうようだ。こってりと塗った白粉、マスカラをつけたまつげ、筆でくっきりとかいた唇、かぐわしく匂う香水、それは彩られた美だ、人工の美だ。それでも、彼女たちは、人目を惹かずにおかないほど美しかった。彼女たちは、美しく身《からだ》をたもたせるために、最大の努力をおしまない。マッサージや、適度の運動、減食などと……。

　パリの女が三人集ったら、その話題は、先ず食べ物の話、次は減食の話だ。日本人と違って、フランス人は、中年を過ぎると、この国の食事が油っこいためか、ブドー酒を食事中に飲む習慣のせいか、とにかく、ぶくぶく太り出す人が多い。それで、どんな職業の女たちも、減食の話に興味をもつ。

「パンは食べちゃだめよ、肉はソースが悪いのよ。焼肉なら大丈夫。食事中、水分をとったらだめ。お酒？　とんでもない、一番太るのよ」

　こんな会話は、耳にタコができるほど、聞く。

　私も、パリに来てから、食事のためか、年のためか、太り出した。

「ヨシコ、それ以上、太らないでね」

　と、マダム・ブロムがよく云ったが、これには、すでに太りすぎている私に対する、忠告も含まれていたのかもしれない。或日、やはりこの頃、太り出したマックスが、「やせるためのピジャマっての売ってるよ、でも、七千フランもするんだ」

という。横にいたデブのイヴォンヌは、「そんなものインチキにきまってるわよ、やせたきゃ減食しなさい、それ以外の方法ってないわよ」と云ったけど、私は、休憩にそのピジャマを売っている、ピガール広場のお店まで、わざわざそれを見にゆくほど興味を持った。

翌日また、マックスが「ね、お金出しあって一つ買わない？　肩のあたりに肉がついて困ってるから、上衣は僕がもらって、ズボンは、ヨシコがとりゃいいじゃない」という。彼の友人は、そのピジャマのおかげで、一月四キロずつやせたという。

私も、まあ三千五百フランでやせられるならと覚悟をきめて、休憩に外へ出て、水色のゴム製のピジャマを買って来た。マックスが上衣、私はズボン、と早速ためしてみる。

空気が出ないようになっているのだから、またたく間に汗が出て、ズボンはぴったりと膚《ハダ》についてしまう。イヴォンヌは横で、「あきれたわね、こんなことしてたら、必ず身体悪くするから」といったけれど、私は「仕事してんだもの、減食出来ないわよ」と答えたし、マックスは「これ着てたべたいだけ食べるのさ。さあ、今夜はスパゲッティーにうんとバタとチーズをまぜて食べるんだ」と、大はしゃぎだった。私も、浮々とはしゃぎながら、その水色のズボンを、舞台に出てゆく時も着てゆく。大きくひろがったスカートの下で、そのズボンはゴソゴソと音をたてて、その度に、私はおかしくなって、歌いながら笑いがこみ上げる。道具方のジョーは、「ヨシコ、おもらしするんだろ、ゴムのおむつはめてさ」と、からかった。

真冬でも、〈ナチュリスト〉の楽屋は、裸のマヌカンたちのために、ムンムンするほど、スティームをたいている。だから、その上にピジャマのズボンをはく私は、汗びっしょりだった。今にスマートになる、と思ってためしたピジャマも、私は、一週間くらいで穿かなくなってしまった。汗をかくためか、ますます疲れて、足がだるくてどうしようもなくなったから……。

しばらくたった或日、ふと見ていた雑誌の中に、ジャック・ファットのマヌカンが「〝やせるためのピジャマ〟そのおかげで、私はマヌカンになれた」と書いてあるのを読み、再びためしてみようと探してみたが、楽屋の棚の上にのせておいたピジャマは、しばらく見ないうちに失くなっていた。

パリの日本人

四月二十九日、天皇の御誕生日の昼に、パリ在住日本人たちは大使館官邸に集った。

凱旋門から放射線状に出る道の一つフォッシュ通りの静かな通りにある白塗りの三階建、その門には日の丸の旗がはためいていた。二階の広間には大使館の方たちに交って百人ぐらいの日本人が、あちこちでかたまって話しこんだり、テーブルに並んだおすしをぱくついたりしていた。

「パリには何人ぐらい日本人がいるんでしょう?」

「そうですね。旅行者もいれると、四百人ぐらいでしょうか」

大使館の人と話している私の横を、画家の藤田嗣治さんが挨拶をして通りすぎた。日本人を見たら「ツグジの絵はすばらしい」というのが、フランス人の挨拶になるくらい藤田先生は、フランス人の中で人気がある。独得のオカッパ頭はもう真白だけれど、モンパルナスのアパートに住む先生は、なかなかお若いらしい。

この日、私は久しぶりでNさんに会った。Nさんは、五十がらみの物しずかな方で、フランス人の奥さんと二十年以上もパリに住みついていた。

パリという不思議な街は、外国人たちがいったんここに住みついてしまうと、直ちに自分の国のように思わせる街で、このNさんも、何んとなくいついてしまった一人だと私は思っていた。

Nさんは外国に長く住んでいる人にありがちの世をすねたようなくさみもなく、おっとりとした感じの人だったが、或日、

「パリへ来て、もう三十年になるんですよ」

「留学生でいらしたのですか」

「ええ、画学生でした」

「このまま一生、パリで送られるの、後悔していらっしゃいません?」

「後悔はしていません。帰ろうとしていた時、たった一人の母に死なれましたし、日本に帰る気持をくじかれてしまったんですよ。それに、或る日モンテカルロへ行きましたら、そのままいついてしまいましてね」

「いついてって、賭をなさってたのですか?」「ええ、ルーレットに熱中してしまって、毎日ルーレットをしないでは暮せなくなってしまったんです。その頃は遺産をもらったばかりでしたから、それでも毎日少しずつかけて、或る時は大勝ち、或る時は芽が出ないでだんだん食いつめ、くいつめればくいつめるほど引っこみがつかなくなって、三年間モンテカルロにいました」

「まあ、三年も!　それで絵の方は全然やめて?」

「時々は、描いていましたけど、いい加減なもので、モンテカルロで食いつめてイタリアのリヴィエラの方の賭場におちて、またそこで二年間ルーレットをしてました。そのうち下宿をしていた家の娘となんとなく結婚してしまって、苦労もしましたが、パリへ帰ってしまって日本語の新聞みたいなものを出していました。

ええ、今更日本に帰っても浦島太郎ですし、私はパリが好きですし、この頃は娘も大きくなりましてね、現在の生活を不満だと思うこともありません」

私は、その話に驚いたが、そう話した彼は、いじになっている風でもなく、現在の平穏な生活に満足している風だった。

日本をすてて、パリに住みついた人たちは、私の知っているだけでも数人いた。彫刻家の高田博厚さん、貿易をしているKさん、骨董屋をしているAさん、俳句の先生のNさんなど。

留学生たちも、戦前の留学生とは違って、金持はまずいないといってよいだろう。まあまあゆとりのある生活をしている人たちは、大使館関係、報道、銀行関係だけ。それでも若い人たちは皆なパリに着いた第一歩から自分の出来る範囲の生活に落ちついて、自分の勉強を始める。お金もないから夕食後、淋しくなれば映画をみるか、街角のキャフェで一杯のビールを飲むくらいがわずかなリクリエーションなのか。モンパルナスのキャフェ・ド・ドーム等は、日本人の留学生が一ぱい来ている。いつだったか、パリで横光利一の『旅愁』を読んで、日本人ばかり集っては神経衰弱気味のギロンをしているのがあまりにも馬鹿らしく、本をなげ出してしまったこともあったが、『旅愁』の中に出てくるような日本人は比較的少ない。若い人たちは、貧乏しても地に足のついた勉強や仕事をし出しているようだ。

少数の神経衰弱気味の男性たちは、キャフェ等に集り、同じ在留同胞の悪口に花をさかせて、気をまぎらせている人もあるにはあるらしい。

私は、パリに長いことといたから、沢山の日本人と知り合った。日本にいては、とても会うチャンスもないようないろいろ違った職業の方たちと会ったことはとても嬉しいことだったと思っているし、皆さんにずい分親切にもしていただいた。でも、同じ日本人だというだけで、迷惑をかけられたこともあった。ある紹介状をもってたずねて来た男のこと——。

大勢の、知り合った日本人の中には、こんな人もいた。〈ナチュリスト〉に勤めていた秋の或る日、私の幼な友だちの紹介状をもって、Tという人が尋ねて来た。どうしても、食事をというので、お供すると、用件はパリに行ったら、石井さんに頼んで売ってもらえ、というので、真珠を沢山持って来た、ということだった。

「でも、パリでは、真珠は売れないそうですよ。模造品で間に合わせる方が多いって。本物が買えるような方たちは、ダイヤにするらしいから」

と、私は釘をさしておいた。ところが、次の朝恐ろしく早く、そのT氏から電話がかかった。

「朝から、どうも恐縮です。実は、昨夜ホテルに帰って見たら、財布がなくなってるんです。あのレストランで勘定をする時は、確かに、あったのですが……」

「いくら、入ってたんですか」

「五千ほど、全部ドルの現金ですが」

私は、びっくりして、すっかり目が覚めてしまった。五千ドルなんて、持って歩く方がいけないんだとは思ったが、とに角も、多少の責任も感じたし、気の毒でもあり、ひとまずそのレストランで待ち合わせ、一緒に探しましょう、ということにした。

だが、昨夜坐っていた椅子カバーまで持ち上げてみても、五千ドルは現れない。店の人たちに話しても、

「ヘエ、五千ドルの現金？　ほんとですか？」

「もし、ほんとに五千ドルだったら拾った人は、届けないでしょうね」

などと、にやにやしているだけだ。私はTさんが、余りしょげているので、家の食事に呼んで慰めたが、何の対策も立つはずもなく、ただ、困った困った、といい合うばかりだった。姪のユキがすっかり、Tさんに同情して、全財産二百フランをそっとさし出して、

「これ、おじちゃまに上げる」

というのに、T氏はほろ苦く笑う有様だった。

次の日は、大使館と警察に行ってみたが、どこで落したのか、盗まれたのかも分らないのではどうしようもない。大使館では、お金を貸すことは出来ないという。私は、自分の仕事場でお金をなくしたという彼に責任を感じて、

「オランダにゆけば、取引先の会社があるから、明日発ちます」

といってる彼に、六万フランお金を貸した。

それから彼からは、何の音沙汰もなかった。しばらくして日本の友人から、「T氏信用おけずご注意こう」という電報を受取った。

寄宿舎から帰って来ていたユキの顔をみると、私は子供までだまして、とまた新たに胸をむかつかせた。

「ユキは優しい子ね」

私が、ふいに云ったので、ユキは何故というようにふりかえってニコッと笑った。

私は、ユキがちょっと恥ずかしそうに、赤いがま口をあけて全財産の二百フランをさし出した姿を思い出していた。

沢山の日本人の中には、フランス人に伍して堂々と仕事をしている方もあった。藤田

さんについで、荻須画伯がそうだった。

音楽の方では、オペラコミックの歌手になった美智子ちゃん（砂原）や、ピアニストの田中キヨ子ちゃんがいた。

キヨ子ちゃんのことを考える時、私は、私たちの先輩の通って来たいばらの道を思う。

今から三十年も前、日本で有数のピアニストといわれ、ドイツに留学されたK女史は、同輩の人々に伍してゆくことの出来ない技倆《ぎりよう》の差に失望のはて、アパートから飛びおり自殺をして命を絶った。

キヨ子ちゃんの母上は、仲枝女史という日本で有能な声楽家だ。仲枝先生も、イタリア、ドイツに留学されたけれど、彼の地で一流の人にまじって声価を挙げるということは、なかったのではないかと思う。日本に帰られてから、立派な声楽教授となられ、後輩を育てた。

そのお嬢さんのキヨ子ちゃんは、十八歳の若さでパリへ留学し、一九五二年には、ジュネーヴで行われた国際音楽コンクールで二位……といっても、一位の受賞者はなかったのだから最高点をとり、ついでマルグリット・ロン、ジャック・ティヴォーの行う、パリでの最高権威のコンクールで四位をとって、新人として注目された。そして、サル・ド・ガヴォーでリサイタルも行った。

このような世界的水準の音楽家も、日本から出るようになったのは何んと嬉しいことだろう。

西洋音楽の歴史は、日本においては、まだまだ浅い。でも、私たちはいつもたゆまず闘って来た先輩に感謝しなくてはいけない。そして、これから出る人々のための捨石になるべき努力も忘れてはならないと思う。

夜明けのパリ

三月に入ると〈ナチュリスト〉の踊り子とマヌカンたちは五月二日からはじまる新しいレヴュの稽古に入った。午後はずっと稽古で、ひきつづき夜も働くのだから、私たちより疲れるはずなのに、みんな若いせいか、または新しいものにとりくんで張りがあるのか、かえっていきいきと元気に見えた。

私たちは皆な、つかれて頭がいたい、足がいたい、お腹がいたい、とぐちばかりいっていた。カルメンは「私、気が狂ってるらしいわ。みてごらんなさい、手にふるえが来てる」とブルブル指をふるわせる。

彼女は、パリに来てから三年、一日の休みもなく働いているのだそうだ。

「〈ナチュリスト〉が終ったら、少しやすむとよいわ」

「それが駄目なの、ママがもうロンドンのキャバレーと契約しちゃったのよ。私〈ナチュリスト〉の終った翌《あく》る日、飛行機で発ってその晩から働かなくちゃなんないの」

彼女は、実際なさけなさそうにいった。〈ナチュリスト〉が終った後の仕事のことについて、私たちは語り合うことが多くなった。リュシェンヌは一カ月休養して、イスタンブール（トルコ）に行くといっていた。私は、もう一年新しいレヴュの主役をたのまれて、ムッシュ・ブロムに断ったばかりだった。

ニースに三日間行って以来、私は、いい空気を吸って来たせいか、比較的元気だったけれど、もう一年、一日の休みもなく働く勇気はなかった。

そんな時、カジノ・ド・パリのディレクターのヴァルナから「すぐ来て欲しい」という電話が、かかって来た。彼は、数日前に私の舞台を観に来ていた。もしかしたら、仕事をくれるのかな、と私は期待に胸をときめかした。

翌日の午後、劇場の事務所で、ヴァルナは、

「あなたの歌を、ニースの音楽祭で聞きました。六月に、今の主役がやめるので、あなたが次を引き受けてくれれば嬉しい」

という意味の話をした。私は、呆然とした。

「あなたが引受けてくれるなら、一週間以内に契約書を送りましょう」

私は、夢見心地でこの言葉を聞いて立ち上がり、事務室を出た。舞台裏から私は、行きがけとはまた別な感情で、ひろびろとしたステージの方をながめた。楽屋口に出ながら、今に私も、シュヴァリエや、ミスタンゲット、ジョセフィン・ベーカーが通ったこの廊下を通い、彼らが使っていた楽屋、彼らが化粧した鏡で、化粧するのだろうかと、よろこびがこみ上げて来た。

夜、〈ナチュリスト〉の楽屋に入ると、黙っていようとは思いながらも、つい、カルメンや、リュシエンヌに、この話をほのめかしてしまう。

「契約書が来るまでは、信用できないわよ」

「あのヴァルナって人は、気まぐれだから」

私の話を聞いたリュシエンヌは、いやに分別顔でこんなことをいった。勿論、私も契約書を見るまでは、不安だった。毎朝、入学試験の発表を待つように、われにもなく早起きしては、郵便箱を覗いた。

ヴァルナからの封書は、なかなか来なかったが、こういう時というものは、普段ないような良い話が纏《まとま》ってくるもので、〈キャプシーヌ〉という一流劇場からも、長期契約の話が、あった。

「返事は、後一週間したらします」

私には、カジノ・ド・パリのスターの方に魅力があった。

四月一日になった。エープリル・フール。私は日本にいる時、嘘を思いついては、人の良い友だちをだましてはよろこんだものだ。フランスでも、この日は、「プワソン・ド・アヴリル（四月の魚）」といって、嘘をついても良い日になっている。お菓子屋さんには、お魚の型をしたチョコレートが、一ぱいに並んでいた。何か、とみちゃんでもダマしてやろうかな。私はベッドの中でそんなことを考えていると、散歩から、彼女が帰って来た。

「ヨシコちゃん、カジノ・ド・パリからお手紙よ」

「うそ。今日はプワソン・ド・アヴリルよ」

「バカね、ユキみたいなことを云って、ほら」

とみ子が、手にかざして見せた一通の封書を、私は、飛び上がって行って、奪いとった。本当に、ヴァルナからの手紙だった。でも、契約書は入っていなかった。

「夏のレヴュは、スターなしでやることに決まりました」

三くだり半どころか、たった二行だけ、こう書いてあった。怒ったような顔でヴァルナの手紙を見ているとみ子に、

「いいわよ、私、キャプシーヌ劇場に出るから」

私はかえって、彼女を慰めるみたいにつぶやいた。


外には春風が吹き始めた。

季節は、私たちにおかまいなしに巡って来た。

或る夜、楽屋入りしたら、当然お化粧をしていなくてはならないジョイアナが、しょんぼり私の前に坐っていた。

「どうしたの」

「私、止めるの」

ジョイアナはよく休んだ。子供の頃、ヴェニスの水で足をばちゃばちゃして遊ぶのを楽しみにしていたせいで、冬の間はひどい神経痛になやまされていたし、二年前マックスとアクロバット・ダンスの最中、汗で手がすべり真っさかさまに客席へ落ちて前歯を四本折ったという。その上、この頃〈マダム・アルテュール〉の専属になりたいと口ぐせのように云っていた、マックスもやめたがって、この二、三日無断欠勤をしていた。だんだん女のようになってくるマックスと病気がちのジョイアナに、愛想がつきたのか、ムッシュ・ブロムが遂に首にしたのだそうだ。

「後一カ月もないから、私最後まで勤める気になったのに、『お止めになりたければ、どうぞ』ですってさ。私、明日イタリアへ帰るの」

「止める」「止める」と何かにつけてはわがままぶりを発揮して大声でわめきたてていたジョイアナもいざやめさせられるとなったら、ちょっと悔しい風だった。

そんなジョイアナに、私たちはかまっていることも出来なかった。開幕が迫っていたから……

「本当に明日、イタリアへ帰っちゃう気なの?」

「信じられないな、やめちゃうなんて」

と、口々にいいながら、お化粧を始めた。ジョイアナは自分の化粧品等をまとめると、

イヴォンヌに、

「明日の午後とりにくるわ」といって立ち上がった。一刻も首になった〈ナチュリスト〉にいたくない風でもあった。

「手紙書くわ」

「またパリに来るでしょう。知らせてよ」

「うん、イタリアへ来る時も、しらせてね」

そして皆な一人ずつだき合った。

「元気でね」

「あなたもね」

彼女は小走りに、階段を降りて行った。

私たちは口々に叫んだ。

「オールヴァ」「ボン・シャンス」（成功を祈ってるの意）

あっけない別れだった。

マックスは来なかった……一週間ぐらいして、私たちはヴェニスの絵はがきをうけとった。

「静かになったわね」

ケンカ相手のカルメンも、拍子ぬけのような顔でよく云った。そして日数が重なっていった。

「後《あと》二十日」

「後十八日」

私たちは毎晩のように残り少ない日数を数えて、働いていた。日数を数え始めてからは一日の過ぎるのが、いやにのろく感じられた。

「一人で外国にいるのは、淋しいな」と、ふと思うこともあった。

皆なに不可能のようにいわれた一年のロングランを、どうやら無事につとめ上げられそうだと思う、気のゆるみもあった。

「何故パリでこんな辛い仕事をしてるんです。日本へ帰れば、立派なご両親もそろってるのに」

と、不思議そうにいう人も数多くいたけれど、私は今までは、はりきっていた。一人の日本女性として、外国で、自分をためしてみることに対する闘志のようなものを、ずっと持ちつづけていた。

夜の十時から朝の三時半まで、歌いつづけた毎晩の仕事は、決して生やさしいものでもなかった。三百六十四日、七百二十八回のレヴュ、その数字はいつも目の前にえんえんとつながって、私を重くるしく圧倒していた。

でも、私はへこたれなかった。自分を甘やかしもしなかったつもりだ。千秋楽の日、指折りかぞえて楽しみにしていた日、疲れている時なぞ夢にみていた四月三十日。

私は拍子ぬけのしたような淋しい気持になった。

入口の所で、ムッシュ・ブロムに会った。

「とうとう千秋楽ですね、嬉しい？」

「嬉しいような、悲しいような」

と答えてから、私は嬉しいなどという気持は消えてしまって、もう今夜が最後だということを悲しんでいる私を見出す。云いあらそいのたえなかった楽屋、でも、何でも打ちあけあっていた私たち。もう皆なとも明日から、顔をあわせることだってまれになるのだろう。私たちは卒業式を前にした女学生のような気持になっていた。

「私の最後の踊り、終っちゃったわ」

「私はもう一回で終り」

「これが、最後のフィナーレだわ」

そして、とうとう終ってしまった。フィナーレの幕がしまると、私たちは、誰れかまわず抱きあった。キッスをした。心にふきつける淋しさをさとられまいとするように皆な高声で話した。

「皆な忘れものしないでね、今夜中に楽屋をあけ渡して下さい」

イヴォンヌがどなってる。踊り子たちが、写真を貰いに来る。

「電話何番？」

「住所書いてよ」

皆なぐずぐずと荷物の整理をした。それから事務所へ挨拶に行った。ムッシュとマダム・ブロムそれに道具方のジョーがいた。ジョーが「一年間、本当に気持よく仕事が出来たよ、有難う」という。

「私もこの一年、とても楽しく、仕事をして幸福だったわ。日本へ帰っても、きっといつも思い出すでしょう」

と答えながら、胸が一ぱいになる。

マダム・ブロムは、私が一年間髪にさしていた髪飾りを渡しながらいった。

「これ記念にとっておいてね。

〈ナチュリスト〉はあなたの家だと思っていてね。いつでも遊びにいらっしゃい。来年のレヴュ、もし出られたら、また契約して下さいね」

私は、ポロポロ涙を流した。

甘い涙だった。

私は、皆なと抱き合った。

一番幸福な夜と夢みていたその夜は、悲しい別れの夜だった。私は、うつむいたまま事務所を出た。

横の楽屋から、やはりキャプシーヌ劇場と契約の出来たジャン・ポールが、声をかけた。

「ヨシコ、〈キャプシーヌ〉で会おうね。練習は、十日後だよ」

そうだ、また新しい仕事、舞台稽古がはじまるんだ。

私は、ちょっと明るい気持になった。

私は小さなトランクをかかえて、リュシェンヌと一緒に、こまかに雨のふっている表に出た。一年間住みこんだ私の机の上には、お化粧品の他にもいろんなものがたまっていた。読みかけの本、手紙類、それに机の上にかざっておいた父母の写真など。

そんなものがトランクの中に入っていた。

クリッシー通りに住んでいるリュシェンヌは、家の曲り角まで私を送って来た。

私たちは、トランクを石畳の道において、改めて抱きあった。

「〈ナチュリスト〉が終っても、時々会いましょうね」

「ええ、あなたは、私の一番良い友だちよ」

うす暗いアパートの玄関の鍵穴をさぐっていると、耳許でジージーとガス燈のもえる音がきこえた。エレヴェーターは、いつものようにしんとしずまりかえったアパートの中に大きな音をたてて六階に止った。

私は、とみ子の目をさまさないように、つま先立ちで寝室に入ると、大きく窓をあけた。

夜明け前の街は、ひっそりと静かに、春雨の中に沈んでいた。

あとがき

一昨年（昭和二十八年）の五月二日から昨年の四月三十日まで、私はモンマルトルの〈ナチュリスト〉というキャバレーのレヴュで歌っていた。〈ナチュリスト〉で歌い出す前、一年半もパリにはいたけれど、〈ナチュリスト〉で仕事を始めてから、はじめてパリの芸人たちの生活、パリの裏というものを知ったように思う。

東京新聞特派員の笹本駿二氏、パリへ旅行で来られた岩田豊雄先生のおすすめで、その頃毎日々々楽屋でつけていた日記を、今度鱒書房の御好意により、違った形で出版させていただくことになった。

物を書いたことのない私にとって、これは一大事業だったし、いそがしい母国滞在中に書き上げるのにはずい分苦労もしたけれど、こうして私の経て来た一つの経験を、本にして、出版できるのは本当に嬉しいことだ。

この本を出すまでに、はげまして下さった方々、この本のために力を貸して下さった方々、この本をよんで下さる方々に、私は心から深く感謝している。

昭和三十年五月

石井好子

貴重な歴史的ドキュメント

鹿島茂

一昨年、私は『パリの日本人』と題した本を上梓した（新潮選書、二〇一〇年）。ベル・エポックから両大戦間に、パリに長期滞在した日本人を十数人選んで、彼らがこの花の都に何を求め、何を「持ち帰った」のかを探ってみたいと思ったからである。

そのために、明治・大正・昭和の日本人が書き残したパリ体験記を古書店で漁って片端から読み進めていったが、そのさいに感じたのは、文学者や哲学者のパリ体験記は意外におもしろくないということである。どうもパリに対する憧れが先行して、本来なら見るべきものを見ていないという印象を受けたのだ。そこで、観念派ではない生活派の人たちのパリ体験記を優先して扱うようにしてみたのだが、一つ残念に思ったのは、こうした中に、生活者としてパリに生きた女性の記録がほとんどなかったことである。女性の書き手ならパリの人たちも気づかぬような細部まで書き記してくれるから、パリ生活の再現を目論む社会史家にとっては貴重な資料となったはずなのだ。

だから、石井好子の『女ひとりの巴里ぐらし』を読んだときには驚いた。「こういうのが欲しかったんだ」と思った。そう、そこには、私が日本人のパリ体験記に求めていたものすべてがあった。

ではいったい私はこの種の体験記に何を求めていたのだろうか？

まず、フランス人の間に交じって、フランス人相手にお金を稼いだという事実。これは案外重要なことなのである。なぜなら、フランスに限らず異国で暮らす日本人というのは、どんなに立派なことを言おうと、基本的に日本人相手でしかお金を稼ぐことができないというのが現実だからである。

この点、石井好子は立派である。戦後、講和条約締結以前で、まだ日本の国際的地位がどん底にあったときにアメリカ経由でパリに渡り、多くのミュージック・ホールや劇場に長期出演し、歌で「自活」できたのだから。藤田嗣治が熱烈なエールを送ったというのもむべなるかな、である。

しかし、これだけの情報では、われわれ日本人は、二つの方向で大きな誤りを犯すことになる。

一つは、本場のパリでフランス人歌手に伍して活躍したのだから偉いと思い込むこと。

もう一つは、ミュージック・ホールといってもストリップ小屋のようなところの幕間に出ただけなのだからちっとも偉くないと否定的に見ること。

いずれも、大変な誤りである。その誤りは、パリにおけるミュージック・ホールというもののイメージを日本人が摑めていないことに起因する。

では、パリのミュージック・ホールとは何なのか？

聖から俗までありとあらゆる音楽と芸をぶち込んでひっかき回した坩堝《るつぼ》であると定義することができる。

実際、そこで披露される音楽と芸には驚くべき幅と多様性がある。とにかく声と肉体を用いて演じるパフォーマンスであればどんなものでもいいのである。

ただ、どんなパフォーマンスでも、一つの絶対的な基準を満たしていなければならない。それは、観客に「受ける」ということである。

なんだ、そんな簡単なことかと言うなかれ。パリのミュージック・ホールで「受ける」ということがどれほど難しいことか、日本人ではおそらく石井好子を除いては知らないはずである。

だが、なにゆえにそれほど難しいのか？

一つは、「芸」のレベルが非常に高いこと。歌手にしろ芸人にしろ、鍛え方が日本などとは違うのだ。おそるべきプロ根性である。

もう一つは、観客の厳しさ。日本の観客は寛容で、多少芸が未熟でも終われば拍手してくれるが、パリでは芸が水準に達していないと、観客は容赦なくブーイングを浴びせる。この観客の厳しさが芸人を鍛えるのである。

もちろん、いまでは、パリのミュージック・ホールも観光地化して、世界中からやってきたお上りさんの観客が多くなっているから、見る側のレベルは落ちたかもしれないが、それでも日本に比べればはるかに厳しく容赦ない。

石井好子がパリで歌っていた一九五二年から五八年までは、ミュージック・ホールが戦前の全盛期と変わらぬ質を保っていた時代だから、そのレベルの高さたるや、いまでは信じられないほどのものであったはずである。

だから、石井好子は偉いのである。ただ、パリのミュージック・ホールに出ただけではない。全盛期のパリのミュージック・ホール、それもミュージック・ホール激戦区のモンマルトルの人気店《ナチュリスト》で堂々、一年間のロングランを務めたからこそ偉いのである。

しかし、こう言ったとしても、いまの日本人には、その偉さのほどがまだ正確には伝わってこないかもしれない。簡単にミュージック・ホールの仕組みを説明しておこう。

ミュージック・ホールの演目というのは、基本的に、歌と踊りとパフォーマンスとヌードという四つの要素からなる。

観客は入場料金のほかに必ずテーブルかバーで飲食をしてその料金を払わなければな

らない。そのため毎日のようにお目当ての芸人やダンサー、あるいはマヌカンのために通いつめる常連は、飲み物だけで済ますことのできるバーを利用する。（これについての記述あり）

一回のショー（これをレヴュ、正確にはルヴュと呼ぶ）は全体で三時間前後。四部から六部の部（アクト）に分かれ、さらにそれが景（セーヌ）に分かれている。セーヌでは入れ替わり立ち替わり、さまざまな歌手、ダンサー、芸人、それにマヌカンが現れて芸を披露するが、このうち、一人だけで舞台を持たせることのできる芸人や歌手をアルティストと呼ぶ。

石井好子は、『女ひとりの巴里ぐらし』の中で《ナチュリスト》のレヴュについてこう書いている。

「このレヴュには、女四人、男四人のアルティストと十五人の踊り子、十五人のマヌカンがでている。レヴュそのものは、六部にわかれ、パリからスペイン、アメリカ、日本、印度、北欧と二時間半の旅である。まず、十時から通して一回やり、四十五分の休憩後にもう一度、同じものをくりかえす。

女四人のアルティストとは、フランス人の歌手リュシエンヌ。スペイン人の踊り子カルメン、イタリア人のアクロバット・ダンサー、ジョイアナ。それにもう一人、日本人の私。（中略）私の出場《でば》は日本の部と印度の部と北欧の部である」

石井好子は、さまざまな国籍が入り乱れる四十人近いレヴュ出演者のうち、一人で舞台を持たせる《アルティスト》として出演し、しかも、出演者のうちで最高のギャラである月十五万フランを得ていたのだから、相当に偉いのである。

だが、いまの日本の若い女性とは異なって、石井好子はまだ〈奥ゆかしい日本女性〉だったから、〈ドーダ、私はすごいだろう、まいったか!〉という風には決して筆を進めることはない。むしろ、アルティストとしてミュージック・ホールに三百六十五日出演しつづけた「重労働」の方を強調しているように見える。

また、出演した《ナチュリスト》というミュージック・ホールについても、「マヌカン（裸踊りの女）の出演するキャバレーで、むせかえるお客の人いきれを身近かに感じさせられながら」などと卑下したことを書くから、〈モンマルトルの場末のキャバレーで歌ったにすぎない〉という誤解を招いてしまったのだが、本当のことをいうと、《ナチュリスト》は場末のキャバレーでもストリップ小屋でもなく、モンマルトルの中心ピガール広場一番地に居を構える堂々たる大ミュージック・ホールだったのである。《カジノ・ド・パリ》や《フォリ・ベルジェール》とまではいかないが、一九五〇年代には、これらＡＡＡランクにつぐＡＡランクの店ではあった。

とはいえ、ミュージック・ホールであったから、ヌードのレヴュは不可欠だった。なぜなら、ヌードのないレヴュというものは考えられなかったからである。言い換えると、

《ナチュリスト》はストリップ小屋では決してなかったが、ヌードはふんだんに用意されていたのだ。第一、《ナチュリスト》という店名そのものがヌーディストという意味だったのである。

このヌードのパートを受け持っていたのがマヌカンと呼ばれる女性たちだ。マヌカンについては、石井好子の第二作『ふたりの恋人』でこう説明されている。

「マヌカンとは裸になる女の子達を指していうが、彼女等はストリップティーズをするわけではなく、ただ美しい羽毛や装飾品つきの衣裳を適当に——というのは適当にお乳やお尻をみせながら——つけて音楽につれて舞台を歩く女達のことだ。マヌカンは美しい肉体の持主でさえあれば、すぐにも採用されたから、勿論、踊りも出来ず、歌も歌えず、ただ美を売りものとするだけに、能なしの女性が多かった。マヌカン達は生活費がほしくて裸になったには違いない。しかし身体を売れば生活費以上の金銭は入る。美しい服が着たい、毛皮や宝石もほしい、……堕ちてゆくコースはきまっていた。ナチュリストのマヌカン達の多くはタクシーで楽屋入りをし高級衣装店の服を着て仕事のひけた後は待っている客とどこかへ消えて行く」

じつをいうと、石井好子の著作の魅力の一つはこうした生活の細部の描写にある。この手の風俗の詳細は、それを現場で実際に体験し、しっかりとした観察眼で書き留めておいてくれた彼女の証言がなければ、後世の人間にとっては皆目見当がつかない謎になっていたはずのものなのだ。石井好子は続けて、こう書く。私達もマヌカン達とはめったに口もきかなかったが、マヌカン達の中にも真面目な娘がいないわけでもなかった」
「マヌカン達と踊子達はそれこそ水と油の仲だった。

マヌカンと踊子（およびアルティスト）との冷たい関係というのは、これはもう当事者でなければ知らない事実である。一見華やかな外見のもと、芸で生きる女性たちと肉体だけで生きる女性たちとの間には冷戦構造が支配していたのだ。

このように、日本人によるパリ体験記は多くあれど、ここまで「内側」に踏み込んだ証言も珍しいが、風俗史家としての私の目から見てさらに貴重と思われるのは、マヌカンとはまた違ったジャンルの女性たちが店の、それも客席の側にいたという次のような言葉だ。

「実際、女給という職業は哀しい職業だ。芸を身につけない女が、娼婦におちる一歩手前の職業だ。女給たちは、店が開くと、めかし込んで、客席の隅に散らばって坐る。〈ナチュリスト〉には、この種の女が十二、三人はいた。男たちだけの客が来ると、彼女たちは急いで……だが、何気ない嬌声をあげたりして、客に近づき横に坐り込む機会をとらえる。その収入は、固定給が店からは出ないので、ブティユ（瓶）とチップでかせぐ。ブティユというのは、お客の飲んだシャンペン一本につき一割の歩合を貰う仕組みのことだ。だから、出来るだけ沢山のシャンペンを客にとらせようとして、お客の目を盗んでは、中味をどんどん、シャンペンを冷すためにおいてある氷入れに、あけてしまったり、床にこぼしたりする」

「ふーむ」と深く頷かざるをえない証言である。日本の高級クラブやキャバクラのホステスとは違って、パリのミュージック・ホールではこういうシステムになっていたのか！　そういえば、ルネ・クレールの『巴里祭』をよく見ると、たしかに、この手の女給というのが客の席にはべり、ときにダンスをしたりして客の気を引いている場面が出てきたなあ……。

ことほどさように、『女ひとりの巴里ぐらし』は、読んでおもしろいだけでなく、最高の歴史的ドキュマンとなっているのである。

（フランス文学者）

＊本書は一九五五年八月に鱒書房から単行本として刊行されたものです。
本書には今日の観点からみると差別的表現ととられかねない箇所がありますが、著者自身に差別的意図はなく、また著者がすでに故人であるという事情に鑑み、原文どおりとしました。

女《おんな》ひとりの巴里《パリ》ぐらし

二〇一一年一一月一〇日　初版印刷
二〇一一年一一月二〇日　初版発行

著　者　石井《いしい》好子《よしこ》
発行者　小野寺優
発行所　株式会社河出書房新社
〒一五一－〇〇五一
東京都渋谷区千駄ヶ谷二－三二－二
電話〇三－三四〇四－八六一一（編集）
〇三－三四〇四－一二〇一（営業）
http://www.kawade.co.jp/

ロゴ・表紙デザイン　粟津潔
本文フォーマット　佐々木暁
本文組版　株式会社キャップス
印刷・製本　中央精版印刷株式会社

Printed in Japan　ISBN978-4-309-41116-3

寄席はるあき

安藤鶴夫〔文〕　金子桂三〔写真〕　40778-4

志ん生、文楽、圓生、正蔵……昭和30年代、黄金時代を迎えていた落語界が今よみがえる。収録写真は百点以上。なつかしい昭和の大看板たちがずらりと並んでいた遠い日の寄席へタイムスリップ。

免疫学問答　心とからだをつなぐ「原因療法」のすすめ

安保徹／無能唱元　40817-0

命を落とす人と拾う人の差はどこにあるのか？　不要なものは過剰な手術・放射線・抗ガン剤・薬。対症療法をもっぱらにする現代医療はかえって病を増幅・創出している。あなたを救う最先端の分かりやすい免疫学の考え方。

映画を食べる

池波正太郎　40713-5

映画通・食通で知られる〈鬼平犯科帳〉の著者による映画エッセイ集の、初めての文庫化。幼い頃のチャンバラ、無声映画の思い出から、フェリーニ、ニューシネマ、古今東西の名画の数々を味わい尽くす。

あちゃらかぱいッ

色川武大　40784-5

時代の彼方に消え去った伝説の浅草芸人・土屋伍一のデスペレートな生き様を愛惜をこめて描いた、色川武大の芸人小説の最高傑作。他の脇役に鈴木桂介、多和利一など。シミキンを描く「浅草葬送譜」も併載。

実録・山本勘助

今川徳三　40816-3

07年、大河ドラマは「風林火山」、その主人公は、武田信玄の軍師・山本勘助。謎の軍師の活躍の軌跡を、資料を駆使して描く。誕生、今川義元の下での寄食を経て、信玄に見出され、川中島の合戦で死ぬまで。

恐怖への招待

楳図かずお　47302-4

人はなぜ怖いものに魅せられ、恐れるのだろうか。ホラー・マンガの第一人者の著者が、自らの体験を交え、この世界に潜み棲む「恐怖」について初めて語った貴重な記録。単行本未収録作品「Rojin」をおさめる。

狐狸庵交遊録

遠藤周作　40811-8

遠藤周作没後十年。類い希なる好奇心とユーモアで人々を笑いの渦に巻き込んだ狐狸庵先生。文壇関係のみならず、多彩な友人達とのエピソードを記した抱腹絶倒のエッセイ。阿川弘之氏との未発表往復書簡収録。

花は志ん朝

大友浩　40807-1

華やかな高座、粋な仕草、魅力的な人柄——「まさに、まことの花」だった落語家・古今亭志ん朝の在りし日の姿を、関係者への聞き書き、冷静な考察、そして深い愛情とともに描き出した傑作評伝。

ヘタな人生論より徒然草　賢者の知恵が身につく“大人の古典”

荻野文子　40821-7

世間の様相や日々の暮らし、人間関係などを“融通無碍な身の軽さ”をもって痛快に描写する『徒然草』。その魅力をあますことなく解説して、複雑な社会を心おだやかに自分らしく生きるヒントにする人生論。

志ん朝のあまから暦

古今亭志ん朝／齋藤明　40753-1

「松がさね」「七草爪」「時雨うつり」……、今では日常から消えた、四季折々の行事や季語の世界へ、粋とユーモアあふれる高座の語り口そのままに、ご存じ古今亭志ん朝がご案内。日本人なら必携の一冊。

日本料理神髄

小山裕久　40790-6

日本料理とは何か。その本質を、稀代の日本料理人が料理人志望者に講義するスタイルで明らかにしていく傑作エッセイ。料理の仕組みがわかれば、その楽しみ方も倍増すること請け合い。料理ファン必携！

新編　百物語

志村有弘〔編・訳〕　40751-7

怪奇アンソロジーの第一人者が、平安から江戸時代に及ぶさまざまな恐い話を百本集めて、巧みな現代語にした怪談集成。「今昔物語集」「古今著聞集」「伽婢子」「耳袋」など出典も豊富でマニア必携。

ちんちん電車

獅子文六　40789-0

昭和のベストセラー作家が綴る、失われゆく路面電車への愛惜を綴ったエッセイ。車窓に流れる在りし日の東京、子ども時代の記憶、旨いもの……。「昭和時代」のゆるやかな時間が流れる名作。解説＝関川夏央

天下大乱を生きる

司馬遼太郎／小田実　40741-8

ユニークな組み合わせ、国民作家・司馬遼太郎と“昭和の竜馬”小田実の対談の初めての文庫化。「我らが生きる時代への視点」「現代国家と天皇制をめぐって」「『法人資本主義』と土地公有論」の三部構成。

少年西遊記　1・2・3

杉浦茂　1／40688-6　2／40689-3　3／40690-9

皆さんおなじみの孫悟空でござい。これからぼくの奇妙奇天烈な大暴れぶりを、お目にかけることになったので、応援よろしく。漫画の神様手塚治虫も熱狂した杉浦版西遊記がはじめて連載当時の姿で完全復活！

少年児雷也　1・2

杉浦茂　1／40691-6　2／40692-3

でれでれーん。われらが児雷也の痛快忍術漫画のはじまりはじまり。大蛇丸、ナメクジ太郎ら、一癖もふた癖もあるへんてこ怪人相手に紙面狭しと大暴れ。杉浦茂の代表作がはじめて連載当時の姿で完全復活！

大人の東京散歩

鈴木伸子　40986-3

東京のプロがこっそり教える情報がいっぱい詰まった、大人のためのお散歩ガイド。変貌著しい東京に見え隠れする昭和のにおいを探して、今日はどこへ行こう？　昭和の懐かし写真も満載。

国語の時間

竹西寛子　40604-6

教室だけが「国語の時間」ではない。日常の言葉遣いが社会生活の基盤となる。言葉の楽しさ、恐しさを知る時、人間はより深味を帯びてくる。言葉と人間との豊かな関係を、具体的な例を挙げながら書き継いだ名随筆。

満州帝国

太平洋戦争研究会〔編著〕　40770-8

清朝の廃帝溥儀を擁して日本が中国東北の地に築いた巨大国家、満州帝国。「王道楽士・五族共和」の旗印の下に展開された野望と悲劇の40年。前史から崩壊に至る全史を克明に描いた決定版。図版多数収録。

二・二六事件

太平洋戦争研究会〔編〕　平塚柾緒〔著〕　40782-1

昭和11年2月26日、20数名の帝国陸軍青年将校と彼らの思想に共鳴する民間人が、岡田啓介首相ら政府要人を襲撃、殺害したクーデター未遂事件の全貌！　空前の事件の全経過と歴史の謎を今解き明かす。

太平洋戦争全史

太平洋戦争研究会　池田清〔編〕　40805-7

膨大な破壊と殺戮の悲劇はなぜ起こり、どのような戦いが繰り広げられたか——太平洋戦争の全貌を豊富な写真とともに描く決定版。現代もなお日本人が問い続け、問われ続ける問題は何かを考えるための好著。

ヒゲオヤジの冒険

手塚治虫　40663-3

私立探偵伴俊作、またの名をヒゲオヤジ！　「鉄腕アトム」「ブラック・ジャック」から初期の名作まで、手塚漫画最大のスターの名演作が一堂に！幻の作品「怪人コロンコ博士」を初収録。全11編。

華麗なるロック・ホーム

手塚治虫　40664-0

少年探偵役でデビュー、「バンパイヤ」で悪の化身を演じた、手塚スター一の悪魔的美少年ロック、またの名を間久部緑郎。彼のデビュー作から最後の主演作までを大公開！　「ロック冒険記」幻の最終回。

幸福の無数の断片

中沢新一　40349-6

幸福とは何か、それはいっさいの痕跡を残さないまま、地上から永遠に消え去ってしまうかもしれない人生の可能態。キラキラ飛び散った幸福の瞬間を記録し、その断片たちを出会わせる、知と愛の宝石箱。

妖怪になりたい

水木しげる　40694-7

ひとりだけ落第したのはなぜだったのか？　生まれ変わりは本当なのか？　そしてつげ義春や池上遼一とはいつ出会ったのか？　マンガと同じくらいに深くて魅力的な水木しげるのエッセイを集成したファン待望の一冊。

水木しげるの　娘に語るお父さんの戦記

水木しげる　47281-2

人々がうつむき、笑わなかったあの時代。お父さんにも〈赤紙〉が——。地獄のような戦場で片腕を失い、生死の境をくぐりぬけながら、南の島に生きる人々に学んだ生命の尊さ。次代に向けて語る〈戦争〉の記録。

滑稽漫画館

宮武外骨　吉野孝雄〔編〕　47284-3

奇人でもあり変人でもある明治のジャーナリスト宮武外骨の奇想天外な戯画の数々を、当時の「滑稽新聞」から集めた過激なパロディ集。現代マンガを凌駕する恐るべき発想と爆弾的表現、そしてナンセンスの嵐。

黒い花びら

村松友視　40754-8

昭和歌謡界黄金時代を疾風の如く駆け抜けた、無頼の歌手・水原弘の壮絶な生涯。酒、豪遊、博打、借金に満ちた破天荒な歌手生活を、関係者達の取材を綿密に重ねつつ、波瀾の人生を描く感動のノンフィクション！

犬の記憶

森山大道　47414-4

世界的な評価をえる写真家が、自らの記憶と軌跡を辿りながら、撮影の秘密を明らかにする幻の名著、待望の文庫化。絶妙な文章で描かれる60〜70年代の“闇”への誘い。写真多数収録。写真ファン必携。

犬の記憶　終章

森山大道　47424-3

『犬の記憶』15年の時を経て書かれたその続編。写真家たちとの熱い出会いを通して描く半自伝的エッセイ。時を遡り、空間を彷徨しつつ紡がれる文章は、妖しい輝きを帯びながら写真の始源を開いていく。

べけんや　わが師、桂文楽

柳家小満ん　40756-2

落語家・八代目桂文楽に“一目ぼれ”、芸の世界へ飛び込んだ筆者が、師匠への深い愛情をもって描く、名人の素顔。落語黄金時代の高座やお座敷、なつかしい落語家たちも多数登場。落語ファン必携の一冊。

松坂世代　マツザカ・ジェネレーション

矢崎良一　40819-4

1998年夏の甲子園で日本中を熱くした、奇跡のような若者たちのその後。「最強の世代」といわれる彼らは、松坂大輔とあの夏の体験を追いかけ、それぞれの栄光と挫折を体験する。その生き方を追った感動の書。

良寛異聞

矢代静一　40510-0

“いにしへを思へば夢かうつつかも”“あづさ弓春も春とはおもほえず”超俗的な詩僧・歌僧として知られる良寛の清貧に満ちた生涯を劇的に描く感動の大作！　姉妹篇・戯曲「弥々」を収録。

増補完全版 ビートルズ　上・下

ハンター・デイヴィス　小笠原豊樹／中田耕治〔訳〕　上／46335-3　下／46336-0

本書はビートルズの全面的な協力のもと、彼らと関係者に直接取材して書かれた唯一の評伝。どんな子どもだったか。どうやってバンド活動を始め、いかに成功したか。長い序文と詳細な附録をつけた完全版！

古代文明と気候大変動

ブライアン・フェイガン　東郷えりか〔訳〕　46307-0

人類の歴史は、めまぐるしく変動する気候への適応の歴史である。二万年におよぶ世界各地の古代文明はどのように生まれ、どのように滅びたのか。気候学の最新成果を駆使して描く、壮大な文明の興亡史。

精子戦争　性行動の謎を解く

ロビン・ベイカー　秋川百合〔訳〕　46328-5

精子と卵子、受精についての詳細な調査によって得られた著者の革命的な理論は、全世界の生物学者を驚かせた。日常の性行動を解釈し直し、性に対する常識をまったく新しい観点から捉えた衝撃作！

著訳者名の後の数字はISBNコードです。頭に「978-4-309」を付け、お近くの書店にてご注文下さい。